Gita Saar

The Essence of Gita in English and Hindi

SANSKRITI PRESS

RUPA

Published by
Rupa Publications India Pvt. Ltd 2024
161-B/4, Gulmohar House,
Yusuf Sarai Community Centre,
New Delhi 110049

Sales centres:
Bengaluru Chennai
Hyderabad Kolkata Mumbai

Edition copyright Rupa Publications India Pvt. Ltd 2024

All rights reserved.
No part of this publication may be reproduced, transmitted,
or stored in a retrieval system, in any form or by any means,
electronic, mechanical, photocopying, recording or otherwise,
without the prior permission of the publisher.

P-ISBN: 978-93-6156-212-9
E-ISBN: 978-93-6156-732-2

Second impression 2025

10 9 8 7 6 5 4 3 2

Printed in India

This book is sold subject to the condition that it shall not,
by way of trade or otherwise, be lent, resold, hired out, or otherwise
circulated, without the publisher's prior consent, in any form of
binding or cover other than that in which it is published.

Contents

Preface | भूमिका	iv
1. *Dilemma* | धर्म संकट	1
2. *Knowledge* | ज्ञान	8
3. *Karma* | कर्म	14
4. *Selflessness* | निष्काम	20
5. *Renunciation* | सन्यास	27
6. *Meditation* | ध्यान	33
7. *Absolute* | परम	40
8. *Eternal* | शाश्वत	47
9. *Secret* | राजगुह्य	54
10. *Glory* | विभूति	61
11. *Vision* | दर्शन	68
12. *Devotion* | भक्ति	75
13. *Field* | क्षेत्र	82
14. *Gunas* | गुण	89
15. *Supreme* | सर्वोच्च	97
16. *Divine* | दैवी	104
17. *Faith* | श्रद्धा	111
18. *Liberation* | मुक्ति	120

Preface

The Bhagavad Gita is a timeless spiritual guide that has inspired millions across the world. It is not just a sacred text but a manual for life, addressing the dilemmas, challenges, and questions we all face. In today's fast-paced world, the teachings of the Gita help us find balance, purpose, and inner peace.

This book, *Gita Saar*, presents the essence of the Gita in a simplified form, making its profound teachings accessible to everyone. Whether you are new to the Gita or have studied it before, this concise version will help you reflect on the eternal wisdom of life, action, and spirituality.

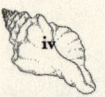

भूमिका

भगवद गीता एक शाश्वत आध्यात्मिक मार्गदर्शक है जिसने दुनियाभर में करोड़ों लोगों को प्रेरित किया है। यह केवल एक पवित्र ग्रंथ नहीं, बल्कि जीवन का मार्गदर्शन करने वाली पुस्तक है, जो हमारे सामने आने वाली दुविधाओं, चुनौतियों और प्रश्नों का समाधान प्रस्तुत करती है। आज की तेज रफ्तार जिंदगी में, गीता के उपदेश हमें संतुलन, उद्देश्य और आंतरिक शांति पाने में मदद करते हैं।

यह पुस्तक, *गीता सार*, गीता के सार को सरल रूप में प्रस्तुत करती है, ताकि इसके गहन उपदेश सभी के लिए सुलभ हो सकें। चाहे आप गीता से नए हों या पहले से अध्ययन कर चुके हों, यह संक्षिप्त संस्करण आपको जीवन, कर्म और अध्यात्म की शाश्वत बुद्धि पर चिंतन करने में मदद करेगा।

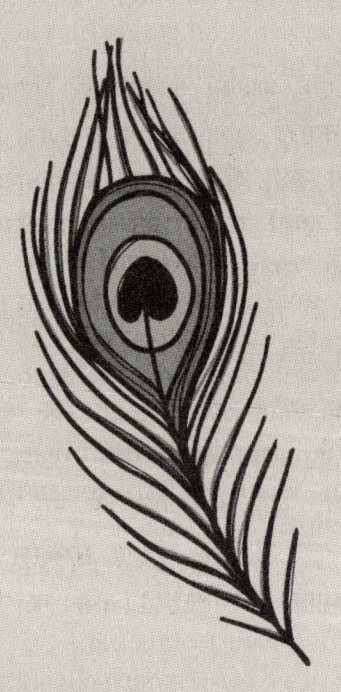

I

Dilemma | धर्म संकट

The concept of dilemma, or *dharma sankat*, plays a crucial role in the Bhagavad Gita. It refers to the difficult situation in which Arjuna, the great warrior, finds himself on the battlefield of Kurukshetra. As the war between the Pandavas and Kauravas is about to begin, Arjuna stands conflicted, facing a profound moral and emotional struggle. His heart is heavy as he looks across the battlefield and sees his family members, beloved teachers, and close friends on the opposing side, all ready to fight.

Arjuna's inner turmoil is not just about fighting a war; it's about the ethical and emotional burden that comes with it. On the one hand, his duty as a warrior, or kshatriya dharma, demands that he fight in this righteous battle for justice and truth. On the other hand, his compassion, love, and attachment to his relatives make him question the very act of war. He begins to wonder whether the loss of lives, the destruction of families, and the pain caused by war can ever be justified, even for a noble cause.

This conflict makes Arjuna question his role and purpose. He is overwhelmed by a sense of helplessness, confusion, and sorrow, leading him to put down his bow and arrows, refusing to fight. In this moment of weakness, he seeks guidance from Lord Krishna, who becomes his spiritual teacher. Arjuna's dilemma is not just his own but symbolizes the universal human experience of facing difficult, conflicting choices. It is a

Dilemma | धर्म संकट

reflection of the moments in our lives when our responsibilities and duties are in direct conflict with our emotions and attachments.

Whether it's in our personal relationships, professional lives, or moral choices, we all encounter situations where the right decision is clouded by our feelings and desires. Arjuna's dilemma reminds us that life is full of such crossroads where we must choose between what is easy and what is right. Through his journey, we learn the importance of seeking wisdom, clarity, and a higher perspective when facing tough decisions.

Arjuna's dharma sankat also emphasizes the need for detachment and understanding our higher purpose in life. It shows that while emotions are natural, we must not let them dictate our actions when we have a larger duty to fulfil. By understanding this dilemma, we begin to appreciate the wisdom that the Bhagavad Gita offers in resolving life's conflicts and finding peace in making the right choice, no matter how challenging it may be.

धर्म संकट

धर्म संकट का विचार भगवद गीता में अत्यंत महत्वपूर्ण भूमिका निभाता है। यह उस कठिन परिस्थिति को दर्शाता है जिसमें महायोद्धा अर्जुन खुद को कुरुक्षेत्र के युद्धक्षेत्र में पाता है। जब पांडवों और कौरवों के बीच युद्ध शुरू होने वाला होता है, अर्जुन एक गहरी नैतिक और भावनात्मक उथल-पुथल से जूझ रहा होता है। उसका दिल भारी हो जाता है जब वह युद्धभूमि पर अपने परिवार के सदस्यों, प्रिय गुरुओं और घनिष्ठ मित्रों को शत्रु पक्ष में लड़ने के लिए तैयार देखता है।

अर्जुन का आंतरिक संघर्ष केवल युद्ध करने के बारे में नहीं है; यह उससे जुड़े नैतिक और भावनात्मक बोझ के बारे में भी है। एक ओर, उसके योद्धा धर्म या क्षत्रिय धर्म की मांग है कि वह इस धर्मयुद्ध में न्याय और सत्य के लिए लड़े। दूसरी ओर, उसके परिवार और मित्रों के प्रति गहरी सहानुभूति और प्रेम उसे युद्ध की नैतिकता पर

सवाल उठाने पर मजबूर कर देते हैं। वह सोचने लगता है कि चाहे उद्देश्य कितना भी उच्च क्यों न हो, क्या युद्ध के कारण होने वाली जनहानि, परिवारों का विनाश, और पीड़ा कभी सही ठहराई जा सकती है?

यह संघर्ष अर्जुन को अपने कर्तव्य और जीवन के उद्देश्य पर सवाल उठाने के लिए मजबूर करता है। वह भ्रमित, असहाय और दुःख में डूब जाता है, जिससे वह अपने धनुष-बाण को नीचे रख देता है और युद्ध करने से इनकार कर देता है। इस कमजोर क्षण में वह भगवान श्रीकृष्ण की शरण में जाता है, जो उसके आध्यात्मिक गुरु बन जाते हैं। अर्जुन का यह धर्मसंकट केवल उसका नहीं है, बल्कि यह उस सार्वभौमिक मानवीय अनुभव का प्रतीक है जब हमें जीवन में कठिन और विरोधाभासी निर्णयों का सामना करना पड़ता है। यह उन क्षणों का प्रतिबिंब है जब हमारी जिम्मेदारियाँ और कर्तव्य हमारी भावनाओं और लगावों से टकराते हैं।

चाहे वह हमारे व्यक्तिगत संबंधों में हो, पेशेवर जीवन में या नैतिक विकल्पों में, हम सभी को कभी न कभी ऐसी परिस्थितियों का सामना करना पड़ता है जहाँ सही निर्णय लेना हमारी भावनाओं और इच्छाओं से घिर जाता है।

अर्जुन का धर्मसंकट हमें यह याद दिलाता है कि जीवन ऐसे चौराहों से भरा है, जहाँ हमें यह चुनना पड़ता है कि क्या आसान है और क्या सही है। उसकी यात्रा के माध्यम से हम यह सीखते हैं कि कठिन निर्णयों का सामना करते समय बुद्धि, स्पष्टता और उच्च दृष्टिकोण को प्राप्त करना कितना आवश्यक है।

अर्जुन का यह धर्मसंकट हमें यह भी सिखाता है कि हमें अपने कर्तव्यों और जीवन के उच्च उद्देश्य को समझते हुए किसी भी कार्य से विरक्त होना चाहिए। यह दिखाता है कि भावनाएँ स्वाभाविक हैं, लेकिन हमें उन्हें अपने कार्यों को नियंत्रित नहीं करने देना चाहिए, खासकर जब हमारे सामने बड़ा कर्तव्य हो। इस धर्मसंकट को समझने के बाद, हम यह सराहने लगते हैं कि भगवद गीता हमें जीवन के संघर्षों को सुलझाने और सही निर्णय लेने में शांति पाने की कितनी गहरी बुद्धि प्रदान करती है, चाहे वह निर्णय कितना भी कठिन क्यों न हो।

2
Knowledge | ज्ञान

The concept of knowledge (*jnana*) in the Bhagavad Gita is far deeper than just intellectual understanding. In this sacred text, knowledge refers to the realization of the ultimate truth and understanding of one's true self. Arjuna, still struggling with his inner conflict, seeks answers from Lord Krishna, who reveals the path of knowledge as a way to overcome doubt, confusion, and ignorance.

In the Gita, Lord Krishna explains that true knowledge is not just knowing the material

Knowledge | ज्ञान

world but also understanding the eternal self, the *Atman*, which is beyond the body and mind. This knowledge frees an individual from the cycle of birth and death. By realizing that the soul is indestructible, eternal, and not limited by physical existence, one can rise above the attachments and fears that dominate our daily lives.

Krishna further elaborates that real wisdom lies in discerning the difference between the temporary and the permanent, the material and the spiritual. The body is mortal, subject to decay and death, but the soul (Atman) is immortal. Recognizing this truth helps one stay grounded in the midst of challenges, free from fear and sorrow. Knowledge, in this sense, is not mere information or learning; it is the profound understanding that comes from spiritual insight.

Additionally, Krishna teaches that knowledge is tied to selfless action. It is not enough to simply know; one must apply this knowledge by

performing one's duties without attachment to the results. This form of wisdom transforms action into a path of liberation, where one acts with awareness, humility, and dedication.

In the modern world, the teachings of the Gita on knowledge remind us that true wisdom goes beyond books or external success. It is about knowing who we really are, recognizing the transient nature of the material world, and aligning ourselves with the eternal truth. By understanding this higher knowledge, we can navigate life's challenges with a calm mind and a steady heart, free from the illusions of fear, greed, and attachment.

ज्ञान

भगवद गीता में ज्ञान का अर्थ केवल बौद्धिक समझ से कहीं अधिक है। इस पवित्र ग्रंथ में ज्ञान से तात्पर्य परम सत्य की प्राप्ति और स्वयं के वास्तविक स्वरूप को समझने से है। अर्जुन, जो अभी भी अपने आंतरिक संघर्ष से जूझ रहा है, भगवान श्रीकृष्ण से उत्तर चाहता है। भगवान उसे ज्ञान के मार्ग को बताते हैं, जो संदेह, भ्रम और अज्ञान को दूर करने का रास्ता है।

गीता में भगवान श्रीकृष्ण समझाते हैं कि सच्चा ज्ञान केवल भौतिक संसार को जानने में नहीं है, बल्कि यह आत्मा (*आत्मन*) को पहचानने में है, जो शरीर और मन से परे है। यह ज्ञान व्यक्ति को जन्म और मृत्यु के चक्र से मुक्त करता है। जब कोई यह समझता है कि आत्मा अमर है, अविनाशी है, और शारीरिक अस्तित्व से परे है, तब वह अपने दैनिक जीवन की आसक्तियों और भय से ऊपर उठ जाता है।

कृष्ण यह भी बताते हैं कि सच्ची बुद्धि का सार अस्थायी और स्थायी, भौतिक और आध्यात्मिक के बीच अंतर को समझने में निहित है। शरीर नश्वर है, समय के साथ इसका क्षय होता है, लेकिन आत्मा अमर है। इस सत्य को पहचानना व्यक्ति को जीवन की चुनौतियों के बीच स्थिर रहने में मदद करता है, जहाँ वह भय और दुःख से मुक्त होता है। इस संदर्भ में ज्ञान केवल जानकारी या सीखने तक सीमित नहीं है, यह आध्यात्मिक अंतर्दृष्टि से उत्पन्न होने वाली गहन समझ है।

इसके अलावा, श्रीकृष्ण यह सिखाते हैं कि ज्ञान का संबंध निस्वार्थ कर्म से है। केवल जानना ही पर्याप्त नहीं है; इस ज्ञान को लागू करके कर्तव्यों का पालन करना भी उतना ही आवश्यक है, बिना परिणामों के प्रति आसक्त हुए। इस प्रकार की बुद्धि कर्म को मुक्ति का मार्ग बना देती है, जहाँ व्यक्ति जागरुकता, विनम्रता और समर्पण के साथ कार्य करता है।

आधुनिक दुनिया में, गीता के ज्ञान से हमें यह समझने में मदद मिलती है कि सच्ची बुद्धिमत्ता किताबों या बाहरी सफलता से परे है। यह यह जानने में है कि हम वास्तव में कौन हैं, भौतिक संसार की अस्थिरता को पहचानना और

Knowledge | ज्ञान

स्वयं को शाश्वत सत्य के साथ संरेखित करना। इस उच्च ज्ञान को समझकर, हम जीवन की चुनौतियों का सामना शांत मन और स्थिर हृदय के साथ कर सकते हैं, जो भय, लालच और आसक्ति के भ्रम से मुक्त है।

3

Karma | कर्म

Action, or *karma*, is one of the core teachings of the Bhagavad Gita. Lord Krishna explains to Arjuna that action is unavoidable, and no one can live without performing some form of action. Every person is constantly engaged in action, whether it is physical, mental, or emotional. Choosing not to act is, in itself, a form of action. The essence of Krishna's teaching lies in how we approach these actions.

Krishna emphasizes that the key to action is not just doing it but doing it with the right mindset.

Karma | कर्म

Selfless action, or *nishkama* karma, is performing one's duty without attachment to the outcome. Krishna teaches that while it is essential to fulfil one's responsibilities, one should not be overly attached to the results. When people act with selfish motives, they get bound by the results, leading to either joy or disappointment based on success or failure. However, acting without expecting anything in return liberates the individual and brings inner peace.

Krishna further explains that one must act according to their dharma, or duty. Arjuna, as a warrior, is reminded that his duty is to fight in the righteous war, regardless of the outcome. By performing action with detachment from personal gain, one can overcome the bondage of karma and attain spiritual growth. Detachment does not mean inaction; rather, it means doing your duty without being swayed by success or failure.

Krishna also teaches that all actions should be

done as an offering to a higher purpose or divine will. When work is done as an act of devotion, it becomes a means of attaining liberation (*moksha*). Thus, even mundane tasks can become spiritual when performed with the right intention. This transforms life's everyday actions into steps on the path toward spiritual fulfilment.

In today's world, the teachings on action remind us that while we cannot always control the outcomes, we can control how we perform our duties. Whether in our jobs, personal relationships, or goals, acting with sincerity and without attachment to results helps us live with peace and balance. It allows us to remain steady through life's ups and downs, free from the anxieties that come from obsessing over outcomes. The Bhagavad Gita shows that true freedom comes not from avoiding action but from acting with a calm and focused mind, detached from the results.

कर्म

क र्म, या एक्शन, भगवद गीता की मुख्य शिक्षाओं में से एक है। भगवान श्रीकृष्ण अर्जुन को बताते हैं कि कर्म अनिवार्य है, और कोई भी व्यक्ति बिना कर्म किए नहीं रह सकता। हर व्यक्ति शारीरिक, मानसिक, या भावनात्मक रूप से किसी न किसी प्रकार के कर्म में संलग्न रहता है। यहाँ तक कि कर्म न करना भी एक प्रकार का कर्म है। श्रीकृष्ण के उपदेशों का सार यह है कि हम किस दृष्टिकोण से कर्म करते हैं।

श्रीकृष्ण इस बात पर जोर देते हैं कि कर्म का सही तरीका यह है कि हम अपने कर्मों को **निःस्वार्थ भाव से करें।** *निष्काम कर्म* का अर्थ है अपने कर्तव्य का पालन बिना फल की आसक्ति के करना। श्रीकृष्ण सिखाते हैं कि कर्तव्य निभाना आवश्यक है, लेकिन हमें परिणामों से बहुत अधिक जुड़े नहीं रहना चाहिए। जब लोग स्वार्थपूर्ण उद्देश्यों से कर्म करते हैं, तो वे परिणामों से बंध जाते हैं, जो सफलता या

असफलता के आधार पर उन्हें खुशी या निराशा की ओर ले जाता है। लेकिन जब व्यक्ति फल की इच्छा किए बिना कार्य करता है, तो वह आंतरिक शांति प्राप्त करता है और कर्म के बंधन से मुक्त हो जाता है।

श्रीकृष्ण यह भी समझाते हैं कि प्रत्येक व्यक्ति को अपने *धर्म*, या कर्तव्य, के अनुसार कर्म करना चाहिए। अर्जुन एक योद्धा के रूप में याद दिलाए जाते हैं कि उनका कर्तव्य धर्म युद्ध में लड़ना है, चाहे परिणाम कुछ भी हो। व्यक्तिगत लाभ से विमुक्त होकर कर्म करने से व्यक्ति कर्म के बंधनों से मुक्त हो जाता है और आध्यात्मिक विकास की ओर अग्रसर होता है। आसक्ति का अर्थ कर्म न करना नहीं है; इसका अर्थ है कर्तव्य का पालन करना, लेकिन सफलता या असफलता से प्रभावित हुए बिना।

श्रीकृष्ण यह भी सिखाते हैं कि सभी कर्मों को एक उच्च उद्देश्य या ईश्वरीय इच्छा के प्रति समर्पित किया जाना चाहिए। जब कर्म भक्ति के रूप में किया जाता है, तो यह मुक्ति (*मोक्ष*) प्राप्त करने का साधन बन जाता है। इस प्रकार, साधारण कार्य भी आध्यात्मिक हो जाते हैं जब उन्हें सही इरादे से किया जाता है। यह जीवन के दैनिक कार्यों को आध्यात्मिक पूर्ति की ओर ले जाने वाले कदम बना देता है।

Karma | कर्म

आधुनिक जीवन में, गीता की कर्म संबंधी शिक्षाएँ हमें यह याद दिलाती हैं कि हम परिणामों को नियंत्रित नहीं कर सकते, लेकिन हम यह नियंत्रित कर सकते हैं कि हम अपने कर्तव्यों का पालन कैसे करते हैं। चाहे वह हमारा काम हो, व्यक्तिगत संबंध हों, या हमारे लक्ष्य हों, जब हम ईमानदारी और समर्पण के साथ बिना फल की आसक्ति के कर्म करते हैं, तो हम शांति और संतुलन के साथ जीवन जी सकते हैं। यह हमें जीवन के उतार-चढ़ावों में स्थिर रहने की शक्ति देता है, जहाँ परिणामों की चिंता से मुक्त रहते हुए हम कर्म के सच्चे अर्थ को समझ सकते हैं। भगवद गीता यह दिखाती है कि सच्ची स्वतंत्रता कर्म से बचने में नहीं, बल्कि शांत और केंद्रित मन से बिना फल की आसक्ति के कर्म करने में है।

4
Selflessness | निष्काम

Selflessness, or nishkama, is a profound teaching in the Bhagavad Gita. It refers to performing actions without any expectation of reward or personal gain. Lord Krishna emphasizes to Arjuna that the highest form of action is one done selflessly, purely for the sake of duty (dharma), without attachment to the outcome. This form of action leads to liberation and inner peace.

In our daily lives, most actions are driven by desire—whether for success, recognition, wealth,

Selflessness | निष्काम

or personal fulfilment. However, Krishna teaches that when we act with selfish motives, we get entangled in the cycle of success and failure, happiness and disappointment. Our happiness becomes dependent on external results, making us vulnerable to stress and anxiety. But through selflessness, we rise above these emotional fluctuations and perform actions simply because they are the right thing to do.

Selflessness also involves understanding that we are not the ultimate doers. According to the Gita, it is the divine energy within us, the Atman (soul), that is the true actor. When we surrender our ego and personal desires and act with the consciousness that we are instruments of a higher purpose, we align ourselves with the divine will. This brings a sense of peace and contentment, regardless of success or failure in worldly terms.

Krishna also explains that selflessness is a path to freedom from the bondage of karma. When we act with selfish desires, we accumulate karma, which binds us to the cycle of birth and rebirth. But by acting without attachment to the results, we break free from this cycle. This is not to suggest that one should become passive or indifferent to their duties; rather, it means doing what needs to be done with full dedication but without getting caught in the desire for personal gain.

In a practical sense, selflessness can be seen in acts of service, helping others without expecting anything in return. It encourages us to focus on the well-being of others, knowing that true satisfaction comes from contributing to the greater good. Whether in personal relationships, work, or social responsibilities, acting with selflessness brings about harmony, fulfilment, and spiritual growth.

The teachings of the Gita on selflessness remind us that living a life of purpose means going beyond the self, beyond personal ambitions, and

Selflessness | निष्काम

connecting with something larger. It is through selfless action that we can find lasting happiness and make a meaningful impact in the world.

निष्काम

निष्काम, या निःस्वार्थता, भगवद गीता की एक गहन शिक्षा है। इसका अर्थ है कर्म को बिना किसी इनाम या व्यक्तिगत लाभ की उम्मीद के करना। भगवान श्रीकृष्ण अर्जुन को बताते हैं कि सबसे उच्च स्तर का कर्म वह है जो पूरी तरह से कर्तव्य (*धर्म*) के लिए किया जाता है, बिना परिणाम के प्रति आसक्ति के। इस प्रकार का कर्म मुक्ति और आंतरिक शांति की ओर ले जाता है।

हमारे दैनिक जीवन में, अधिकांश कार्य इच्छाओं से प्रेरित होते हैं-चाहे वह सफलता, मान्यता, धन, या व्यक्तिगत संतुष्टि की लालसा हो। लेकिन श्रीकृष्ण सिखाते हैं कि जब हम स्वार्थपूर्ण उद्देश्यों के साथ कर्म करते हैं, तो हम सफलता और असफलता, खुशी और निराशा के चक्र में फंस जाते हैं। हमारी खुशी बाहरी परिणामों पर निर्भर हो जाती है, जिससे हमें तनाव और चिंता का सामना करना पड़ता है। लेकिन

Selflessness | निष्काम

निःस्वार्थता के माध्यम से, हम इन भावनात्मक उतार-चढ़ावों से ऊपर उठ जाते हैं और केवल इसलिए कार्य करते हैं क्योंकि यह हमारा कर्तव्य है।

निष्काम कर्म का एक और पहलू यह है कि हम यह समझें कि हम अंतिम कर्ता नहीं हैं। गीता के अनुसार, हमारे भीतर की दिव्य ऊर्जा, *आत्मन* (आत्मा), ही वास्तविक कर्ता है। जब हम अपने अहंकार और व्यक्तिगत इच्छाओं को त्याग देते हैं और इस चेतना के साथ कार्य करते हैं कि हम एक उच्च उद्देश्य के साधन हैं, तो हम स्वयं को ईश्वरीय इच्छा के साथ संरेखित कर लेते हैं। इससे मन को शांति और संतोष प्राप्त होता है, चाहे संसारिक दृष्टि से सफलता मिले या असफलता।

श्रीकृष्ण यह भी समझाते हैं कि निःस्वार्थता कर्म के बंधन से मुक्ति का मार्ग है। जब हम स्वार्थपूर्ण इच्छाओं के साथ कर्म करते हैं, तो हम कर्म का संचय करते हैं, जो हमें जन्म और पुनर्जन्म के चक्र से बांधता है। लेकिन परिणामों से मुक्त होकर कार्य करने से हम इस चक्र से बाहर निकल सकते हैं। इसका अर्थ यह नहीं है कि व्यक्ति अपने कर्तव्यों से उदासीन हो जाए; बल्कि इसका मतलब है कि जो करना आवश्यक है, उसे पूर्ण समर्पण के साथ

किया जाए, लेकिन व्यक्तिगत लाभ की इच्छा से बंधे बिना।

व्यावहारिक दृष्टि से, निस्वार्थता सेवा के कार्यों में देखी जा सकती है, जहाँ हम बिना किसी प्रत्याशा के दूसरों की मदद करते हैं। यह हमें दूसरों की भलाई पर ध्यान केंद्रित करने के लिए प्रेरित करती है, यह जानते हुए कि सच्ची संतुष्टि दूसरों के लाभ में योगदान देने से मिलती है। चाहे वह व्यक्तिगत संबंध हों, कार्य हो, या सामाजिक जिम्मेदारियाँ, निःस्वार्थ भाव से कर्म करने से सामंजस्य, संतोष और आध्यात्मिक उन्नति प्राप्त होती है।

गीता की निःस्वार्थता पर दी गई शिक्षा हमें याद दिलाती है कि उद्देश्यपूर्ण जीवन का अर्थ है अपने आप से परे जाना, व्यक्तिगत महत्वाकांक्षाओं से परे जाना और किसी बड़ी चीज से जुड़ना। यह निःस्वार्थ कर्म के माध्यम से है कि हम स्थायी खुशी पा सकते हैं और दुनिया में सार्थक प्रभाव डाल सकते हैं।

5

Renunciation | सन्यास

Renunciation, or *sanyasa*, is one of the profound concepts discussed in the Bhagavad Gita. It refers to the act of giving up attachment to worldly desires and the fruits of actions. However, renunciation in the Gita does not mean abandoning all actions or responsibilities. Instead, Lord Krishna explains that true renunciation is giving up the attachment to the outcomes of one's actions, not the actions themselves.

Krishna teaches Arjuna that renunciation is

not about physically withdrawing from the world or neglecting one's duties. Rather, it's about **mental detachment**. A person can continue to fulfil their duties—whether as a householder, a worker, or a warrior—but without selfish desires or attachment to success or failure. This form of renunciation is called karma sanyasa, where one continues to act but without ego and personal expectations.

In the Gita, Krishna highlights that renunciation and action are not opposing paths. In fact, Karma Yoga—the path of selfless action—is closely tied to renunciation. A true renunciant is one who performs all their duties while maintaining inner detachment. This approach allows a person to remain balanced, unaffected by the ups and downs of life, and free from the anxieties that come from obsessing over results.

Renunciation also involves surrendering the ego. When we realize that we are not the ultimate doers, but instruments of a higher divine will,

Renunciation | सन्यास

we free ourselves from the burden of personal ambition and pride. This surrender leads to inner peace and spiritual freedom. Renunciation, therefore, is not about avoiding responsibilities but embracing them with a mindset of humility and devotion.

In modern life, renunciation can be practised by letting go of the constant desire for control and success. It teaches us to act with full effort and sincerity but without being attached to the outcomes. Whether in work, relationships, or personal goals, when we renounce the need for validation or reward, we experience greater freedom, clarity, and peace of mind. The Gita shows that true renunciation lies not in rejecting the world but in embracing life with a spirit of selflessness and detachment.

सन्यास

सन्यास, या *त्याग*, भगवद गीता में वर्णित एक गहन अवधारणा है। इसका अर्थ है सांसारिक इच्छाओं और कर्म के फलों से आसक्ति का त्याग करना। हालांकि, गीता में सन्यास का अर्थ सभी कार्यों या जिम्मेदारियों को छोड़ देना नहीं है। भगवान श्रीकृष्ण बताते हैं कि सच्चा सन्यास कर्मों को त्यागना नहीं है, बल्कि उनके परिणामों के प्रति आसक्ति का त्याग करना है।

श्रीकृष्ण अर्जुन को यह सिखाते हैं कि सन्यास का अर्थ दुनिया से शारीरिक रूप से अलग हो जाना या अपने कर्तव्यों की उपेक्षा करना नहीं है। इसके विपरीत, यह **मानसिक विरक्ति** के बारे में है। एक व्यक्ति अपने कर्तव्यों का पालन कर सकता है-चाहे वह एक गृहस्थ हो, एक कार्यकर्ता हो, या एक योद्धा हो-लेकिन बिना स्वार्थपूर्ण इच्छाओं के, और सफलता या असफलता से जुड़े बिना। इस प्रकार के सन्यास को *कर्म सन्यास* कहा जाता है, जहाँ व्यक्ति अपने

कर्तव्यों का पालन करता है, लेकिन अहंकार और व्यक्तिगत अपेक्षाओं से मुक्त होकर।

गीता में, श्रीकृष्ण यह भी बताते हैं कि सन्यास और कर्म एक-दूसरे के विरोधी रास्ते नहीं हैं। वास्तव में, *कर्मयोग*-निस्वार्थ कर्म का मार्ग-सन्यास से गहराई से जुड़ा हुआ है। सच्चा सन्यासी वही है जो अपने सभी कर्तव्यों का पालन करता है, लेकिन आंतरिक रूप से निष्पृह रहता है। यह दृष्टिकोण व्यक्ति को संतुलित रहने की अनुमति देता है, जिससे वह जीवन के उतार-चढ़ावों से अप्रभावित रहता है और परिणामों के प्रति आसक्ति से मुक्त होकर चिंता से दूर रहता है।

सन्यास अहंकार के त्याग से भी जुड़ा हुआ है। जब हमें यह एहसास होता है कि हम अंतिम कर्ता नहीं हैं, बल्कि एक उच्च ईश्वरीय इच्छा के साधन हैं, तो हम व्यक्तिगत महत्वाकांक्षाओं और अभिमान के बोझ से मुक्त हो जाते हैं। यह आत्मसमर्पण आंतरिक शांति और आध्यात्मिक स्वतंत्रता की ओर ले जाता है। इसलिए, सन्यास का अर्थ जिम्मेदारियों से भागना नहीं है, बल्कि उन्हें नम्रता और भक्ति के साथ अपनाना है।

आधुनिक जीवन में, सन्यास को इस रूप में देखा जा सकता है कि हम निरंतर नियंत्रण और सफलता की इच्छा

को छोड़ दें। यह हमें सिखाता है कि पूर्ण प्रयास और ईमानदारी के साथ कार्य करें, लेकिन परिणामों से बंधे बिना। चाहे वह काम हो, संबंध हों, या व्यक्तिगत लक्ष्य हों, जब हम मान्यता या इनाम की आवश्यकता का त्याग करते हैं, तो हम अधिक स्वतंत्रता, स्पष्टता और मानसिक शांति का अनुभव करते हैं। गीता दिखाती है कि सच्चा सन्यास दुनिया को छोड़ने में नहीं है, बल्कि इसे निःस्वार्थता और विरक्ति की भावना से अपनाने में है।

6

Meditation | ध्यान

Meditation, or *dhyana*, is a powerful practice described in the Bhagavad Gita as a means to connect with the inner self and attain spiritual growth. Lord Krishna teaches Arjuna that meditation is the path to inner peace, self-realization, and ultimate liberation (moksha). Through meditation, one learns to control the mind, which is often restless and distracted by worldly desires.

Krishna emphasizes that the mind, when left uncontrolled, can become a source of suffering. It constantly pulls us in different directions—towards desires, fears, and distractions. However, through consistent meditation, we can still the mind, bringing it to a state of focus and peace. This helps us to rise above the turbulence of emotions and thoughts, allowing us to experience a deeper sense of clarity and calmness.

Meditation is not just about sitting in silence but about developing **self-discipline and focus**. Krishna explains that for meditation to be effective, one must create the right environment—finding a quiet place, sitting in a comfortable and steady posture, and focusing on the breath or a point of concentration. Over time, this practice brings the mind under control, leading to greater self-awareness and connection to the divine.

In the Gita, meditation is also described as a way to achieve **equanimity**—the ability to remain calm and balanced in all situations. Whether in success or failure, joy or sorrow, meditation

Meditation | ध्यान

helps one maintain inner stability. By practising mindfulness and meditation regularly, one learns to observe the mind without being carried away by its thoughts and emotions.

Krishna also explains that meditation is essential for realizing the true self, the Atman (soul). By turning the focus inward through meditation, one can experience the divine presence within and understand the unity between the individual self and the universal consciousness. This leads to a state of oneness and spiritual enlightenment.

In today's fast-paced world, meditation offers a way to step back from the constant noise and stress of daily life. It allows us to reconnect with our inner peace and regain control over our thoughts and emotions. Meditation is not just a tool for spiritual growth but also a way to improve mental clarity, reduce stress, and live a more balanced and fulfilled life. The teachings of the Bhagavad Gita remind us that through meditation, we can find the strength and calmness needed to navigate life's challenges and reach a higher state of being.

ध्यान

ध्यान, या *मेडिटेशन*, भगवद गीता में वर्णित एक शक्तिशाली साधना है, जो आत्मा से जुड़ने और आध्यात्मिक विकास प्राप्त करने का मार्ग है। भगवान श्रीकृष्ण अर्जुन को बताते हैं कि ध्यान आंतरिक शांति, आत्म-साक्षात्कार, और अंतत: मुक्ति (*मोक्ष*) प्राप्त करने का मार्ग है। ध्यान के माध्यम से, व्यक्ति मन को नियंत्रित करना सीखता है, जो अक्सर सांसारिक इच्छाओं और विक्षेपों से विचलित रहता है।

श्रीकृष्ण इस बात पर जोर देते हैं कि जब मन अनियंत्रित रहता है, तो यह पीड़ा का कारण बनता है। यह हमें विभिन्न दिशाओं में खींचता है-इच्छाओं, भय, और विकर्षणों की ओर। लेकिन निरंतर ध्यान के अभ्यास से, हम मन को स्थिर कर सकते हैं, जिससे यह ध्यान और शांति की स्थिति में आता है। यह हमें भावनाओं और विचारों की उथल-पुथल से ऊपर उठने में मदद करता है, जिससे हमें गहराई से

स्पष्टता और शांति का अनुभव होता है।

ध्यान केवल चुपचाप बैठने तक सीमित नहीं है, बल्कि यह **आत्म-अनुशासन और एकाग्रता** विकसित करने की प्रक्रिया है। श्रीकृष्ण बताते हैं कि ध्यान प्रभावी होने के लिए, व्यक्ति को सही वातावरण बनाना चाहिए-शांत स्थान का चयन, आरामदायक और स्थिर आसन में बैठना, और सांस या किसी एकाग्रता बिंदु पर ध्यान केंद्रित करना। समय के साथ, यह अभ्यास मन को नियंत्रित करता है, जिससे आत्म-जागरूकता और ईश्वरीय शक्ति से जुड़ने में सहायता मिलती है।

गीता में, ध्यान को **समता** प्राप्त करने का भी एक साधन बताया गया है-सफलता या असफलता, सुख या दुःख में समान रूप से स्थिर रहने की क्षमता। ध्यान के नियमित अभ्यास से व्यक्ति सीखता है कि मन के विचारों और भावनाओं को देखे, लेकिन उनके साथ बह न जाए। यह आंतरिक स्थिरता बनाए रखने में मदद करता है, चाहे बाहरी परिस्थितियाँ कैसी भी हों।

श्रीकृष्ण यह भी बताते हैं कि ध्यान आत्मा (*आत्मन*) की सच्चाई को समझने का साधन है। ध्यान के माध्यम से भीतर की ओर ध्यान केंद्रित करके, व्यक्ति आत्मा की दिव्य

उपस्थिति का अनुभव कर सकता है और व्यक्तिगत आत्मा और विश्वव्यापी चेतना के बीच की एकता को समझ सकता है। यह एकता की भावना और आध्यात्मिक जागरूकता की ओर ले जाती है।

आज के तेज गति वाले जीवन में, ध्यान हमें दैनिक जीवन के लगातार शोर और तनाव से दूर होने का अवसर प्रदान करता है। यह हमें आंतरिक शांति से पुन: जुड़ने और हमारे विचारों और भावनाओं पर नियंत्रण पुन: प्राप्त करने में मदद करता है। ध्यान न केवल आध्यात्मिक विकास के लिए एक उपकरण है, बल्कि यह मानसिक स्पष्टता में सुधार करने, तनाव को कम करने, और जीवन को अधिक संतुलित और संतोषपूर्ण तरीके से जीने का एक साधन भी है। भगवद गीता की शिक्षाएँ हमें याद दिलाती हैं कि ध्यान के माध्यम से, हम जीवन की चुनौतियों से निपटने और उच्च अवस्था प्राप्त करने के लिए आवश्यक शक्ति और शांति प्राप्त कर सकते हैं।

7
Absolute | परम

The concept of the **Absolute**, or *Param*, in the Bhagavad Gita refers to the ultimate reality, the highest truth that transcends all dualities and limitations of the material world. Lord Krishna reveals to Arjuna that the Absolute is the unchanging, eternal essence that pervades everything in the universe. It is beyond time, space, and the physical world—it is the source from which everything arises and into which everything eventually returns.

Krishna explains that the Absolute can be

Absolute | परम

understood as the **Brahman**, the supreme consciousness that is present in all beings and all things. It is the ultimate reality that is beyond the senses and the mind. While the material world is constantly changing and temporary, the Absolute remains permanent and unchanging. The Gita teaches that by understanding and realizing this Absolute, one can transcend the illusions of the physical world and attain liberation (moksha).

The Absolute is not just a distant, abstract concept. According to Krishna, it is both transcendent and immanent—it exists beyond the world, but also within everything. The Atman (soul) within each individual is a reflection of this Absolute reality. To realize the Absolute is to understand that the same divine essence exists within ourselves and all of creation.

Krishna also highlights that the Absolute can be experienced through devotion, knowledge, and meditation. Those who seek to understand the

true nature of the universe and their own soul can connect with this ultimate reality by looking beyond the superficial differences of the world and recognizing the unity in all things. This realization leads to a state of **oneness** with the divine, where the individual self merges with the universal consciousness.

The teachings of the Gita on the Absolute remind us that all the distinctions we see in the world—success and failure, joy and sorrow, life and death—are part of a larger, eternal reality. By connecting with the Absolute, we can move beyond these dualities and experience a sense of peace and fulfilment that is not dependent on the changing circumstances of life.

In practical terms, the understanding of the Absolute helps us find meaning and purpose in life. It encourages us to look beyond the temporary pleasures and pains of the material world and focus on the eternal truth that lies within. Through

Absolute | परम

this realization, we are able to live with greater wisdom, compassion, and clarity, knowing that we are part of something far greater than ourselves.

परम

परम, या **Absolute**, भगवद गीता में वर्णित एक महत्वपूर्ण अवधारणा है, जो अंतिम सत्य और सर्वोच्च वास्तविकता को दर्शाती है। यह वह शाश्वत तत्व है जो भौतिक संसार की सभी द्वैतों और सीमाओं से परे है। भगवान श्रीकृष्ण अर्जुन को बताते हैं कि परम वह अपरिवर्तनीय और अनन्त सार है, जो पूरे ब्रह्मांड में व्याप्त है। यह समय, स्थान, और भौतिक दुनिया से परे है-यह वह स्रोत है, जिससे सब कुछ उत्पन्न होता है और अंतत: जिसमें सब कुछ विलीन हो जाता है।

श्रीकृष्ण समझाते हैं कि परम को **ब्रह्म** के रूप में समझा जा सकता है, जो सभी प्राणियों और सभी वस्तुओं में विद्यमान सर्वोच्च चेतना है। यह इन्द्रियों और मन से परे वह परम सत्य है। जबकि भौतिक दुनिया निरंतर बदलती रहती है और अस्थायी है, परम हमेशा स्थायी और अपरिवर्तनीय रहता है। गीता सिखाती है कि इस परम को समझने और

Absolute | परम

साक्षात्कार करने से व्यक्ति भौतिक दुनिया के भ्रमों से ऊपर उठ सकता है और मुक्ति (*मोक्ष*) प्राप्त कर सकता है।

परम केवल एक दूरस्थ और अमूर्त अवधारणा नहीं है। श्रीकृष्ण के अनुसार, यह दोनों ही रूपों में है-**अव्यक्त** (transcendent) और **सर्वव्यापी** (immanent)। यह संसार के परे है, लेकिन साथ ही यह सबमें विद्यमान है। प्रत्येक व्यक्ति के भीतर स्थित आत्मा (*आत्मन*) इस परम वास्तविकता का प्रतिबिंब है। परम का साक्षात्कार करना यह समझना है कि वही दिव्य तत्व हमारे भीतर और संपूर्ण सृष्टि में विद्यमान है।

श्रीकृष्ण यह भी बताते हैं कि परम का अनुभव भक्ति, ज्ञान, और ध्यान के माध्यम से किया जा सकता है। जो लोग ब्रह्मांड और अपनी आत्मा की सच्ची प्रकृति को समझने का प्रयास करते हैं, वे इस अंतिम वास्तविकता से जुड़ सकते हैं। यह अनुभूति सभी चीजों में एकता को पहचानने के माध्यम से होती है, और इस एकता का साक्षात्कार करने से व्यक्ति दिव्य चेतना के साथ **एकत्व** की स्थिति प्राप्त करता है, जहाँ व्यक्तिगत आत्मा सार्वभौमिक चेतना में विलीन हो जाती है।

गीता की परम पर दी गई शिक्षाएँ हमें याद दिलाती

हैं कि जो भेदभाव हम संसार में देखते हैं-सफलता और असफलता, सुख और दुःख, जीवन और मृत्यु-यह सब एक बड़े, शाश्वत सत्य का हिस्सा हैं। परम से जुड़कर हम इन द्वैतों से परे जा सकते हैं और एक ऐसी शांति और संतुष्टि का अनुभव कर सकते हैं, जो जीवन की बदलती परिस्थितियों पर निर्भर नहीं है।

व्यावहारिक दृष्टि से, परम की समझ हमें जीवन में अर्थ और उद्देश्य खोजने में मदद करती है। यह हमें भौतिक दुनिया के अस्थायी सुख-दुःख से ऊपर उठने और उस शाश्वत सत्य पर ध्यान केंद्रित करने के लिए प्रेरित करती है, जो हमारे भीतर विद्यमान है। इस साक्षात्कार के माध्यम से हम अधिक ज्ञान, करुणा, और स्पष्टता के साथ जीवन जीने में सक्षम होते हैं, यह जानते हुए कि हम स्वयं से कहीं अधिक बड़ी चीज का हिस्सा हैं।

8

Eternal | शाश्वत

The concept of the **Eternal**, or *Shashvat*, is one of the central themes of the Bhagavad Gita. It refers to the timeless and unchanging nature of the soul and the ultimate reality that underlies all of existence. According to Lord Krishna, while the physical body is temporary and subject to birth, decay, and death, the soul (Atman) is eternal, beyond the reach of time and destruction.

Krishna explains to Arjuna that neither is the **eternal soul** born, nor does it die. It cannot be cut by weapons, burned by fire, or destroyed by any means. It transcends the physical world, existing beyond the cycles of life and death that govern the material realm. The realization of the soul's eternal nature brings liberation (moksha) from the cycle of reincarnation (*samsara*), where the soul is bound to take birth repeatedly due to attachment and karma.

Understanding the eternal nature of the soul changes one's perspective on life. Instead of being attached to the temporary pleasures and pains of the material world, one can cultivate a deeper sense of peace by recognizing the impermanence of the physical body and worldly experiences. Krishna encourages Arjuna to rise above the transient emotions of joy and sorrow, success, and failure, and view life through the lens of eternity. This mindset brings inner strength and resilience.

The eternal also refers to the **Brahman**, the ultimate, unchanging reality that pervades

Eternal | शाश्वत

the entire universe. While the material world is constantly changing, filled with beginnings and endings, the Brahman remains constant. The eternal Brahman is the foundation of everything, and by understanding and connecting with this eternal truth, one can attain lasting peace and happiness.

In practical terms, the idea of the eternal teaches us to focus on what truly matters in life. It encourages us to look beyond the temporary and superficial aspects of existence and connect with the deeper, timeless truth within ourselves. By realizing that our true essence is eternal, we can free ourselves from fear, anxiety, and attachment to the material world. This realization brings a sense of purpose and helps us navigate life's challenges with a calm and steady mind.

In today's world, where everything is in a state of flux, the teachings of the Gita remind us that the eternal truth within us never changes. By anchoring ourselves in this eternal essence, we can find stability in the midst of life's uncertainties and move toward spiritual growth and fulfilment.

शाश्वत

शाश्वत, या **Eternal**, भगवद गीता के प्रमुख विषयों में से एक है। यह आत्मा और उस अंतिम वास्तविकता के अपरिवर्तनीय और कालातीत स्वभाव को दर्शाता है, जो संपूर्ण अस्तित्व का आधार है। भगवान श्रीकृष्ण अर्जुन को समझाते हैं कि जबकि भौतिक शरीर अस्थायी है और जन्म, क्षय, और मृत्यु के अधीन है, आत्मा (*आत्मन*) शाश्वत है, जो समय और विनाश से परे है।

श्रीकृष्ण बताते हैं कि **शाश्वत आत्मा** न तो जन्म लेती है और न ही मरती है। इसे न तो किसी हथियार से काटा जा सकता है, न आग से जलाया जा सकता है, और न ही किसी भी प्रकार से नष्ट किया जा सकता है। यह भौतिक संसार से परे है और जीवन-मृत्यु के उन चक्रों से परे है, जो भौतिक जगत को नियंत्रित करते हैं। आत्मा की शाश्वत प्रकृति को समझने से व्यक्ति पुनर्जन्म के चक्र (*संसार*) से मुक्त हो सकता है, जहाँ आत्मा आसक्ति और

कर्म के कारण बार-बार जन्म लेती है।

आत्मा की शाश्वत प्रकृति को समझने से जीवन के प्रति दृष्टिकोण बदल जाता है। भौतिक संसार के अस्थायी सुख-दुःख के प्रति आसक्त होने के बजाय, व्यक्ति इस समझ से गहरी शांति प्राप्त कर सकता है कि शरीर और सांसारिक अनुभव अस्थायी हैं। श्रीकृष्ण अर्जुन को प्रोत्साहित करते हैं कि वे इन क्षणिक भावनाओं-सुख और दुःख, सफलता और असफलता-से ऊपर उठें और जीवन को शाश्वतता की दृष्टि से देखें। यह दृष्टिकोण आंतरिक शक्ति और स्थिरता प्रदान करता है।

शाश्वत का अर्थ **ब्रह्म** से भी है, जो संपूर्ण ब्रह्मांड में व्याप्त वह अपरिवर्तनीय सत्य है। जहाँ भौतिक संसार लगातार बदलता रहता है, वहाँ ब्रह्म हमेशा स्थिर रहता है। शाश्वत ब्रह्म ही सब कुछ का आधार है, और इस शाश्वत सत्य को समझकर और उससे जुड़कर व्यक्ति स्थायी शांति और आनंद प्राप्त कर सकता है।

व्यावहारिक दृष्टि से, शाश्वत की अवधारणा हमें जीवन में उन चीजों पर ध्यान केंद्रित करने के लिए प्रेरित करती है, जो वास्तव में मायने रखती हैं। यह हमें अस्थायी और सतही पहलुओं से ऊपर उठकर अपने भीतर स्थित उस

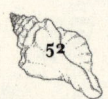

Eternal | शाश्वत

गहरे और कालातीत सत्य से जुड़ने के लिए प्रेरित करती है। यह समझने से कि हमारी सच्ची प्रकृति शाश्वत है, हम भय, चिंता, और भौतिक संसार के प्रति आसक्ति से मुक्त हो सकते हैं। इस साक्षात्कार से हमें जीवन में एक उद्देश्य मिलता है और हम जीवन की चुनौतियों का सामना एक शांत और स्थिर मन से कर सकते हैं।

आज के संसार में, जहाँ सब कुछ निरंतर परिवर्तन की स्थिति में है, गीता की शिक्षाएँ हमें याद दिलाती हैं कि हमारे भीतर स्थित शाश्वत सत्य कभी नहीं बदलता। इस शाश्वत तत्व में स्थिर होकर, हम जीवन की अनिश्चितताओं के बीच स्थिरता पा सकते हैं और आध्यात्मिक विकास और संतोष की ओर बढ़ सकते हैं।

9
Secret | राजगुह्य

The **Secret**, or *Rajguhya*, as explained in the Bhagavad Gita, refers to the highest and most profound knowledge that is hidden from ordinary understanding but revealed to those who are ready to receive it. Lord Krishna, throughout the Gita, shares many teachings with Arjuna, but the 'secret' knowledge refers to the ultimate truth about life, the universe, and the divine. It is the knowledge that leads to liberation (moksha) and the realization of one's true self.

Krishna explains that this secret is not

Secret | राजगुह्य

something that can be grasped through intellectual efforts alone. It is a spiritual truth that must be realized within. The secret lies in understanding the nature of the soul (Atman), the impermanent nature of the material world, and the eternal relationship between the individual soul and the Supreme Being (*Paramatman*). Krishna reveals that the greatest secret is that God, or the divine consciousness, is present in every aspect of the universe and resides within each of us.

To access this secret, one must cultivate **faith, devotion, and surrender.** Krishna emphasizes that those who approach him with a pure heart, free from ego and attachment, can unlock this secret and experience divine knowledge. It is only through complete devotion and surrender to the divine will that one can gain insight into this hidden wisdom. This secret knowledge is a key to understanding the ultimate purpose of life and the path to true peace and fulfilment.

Krishna describes this knowledge as **the king of all knowledge**—the highest, most valuable, and most transformative. It is the knowledge that reveals the unity of all existence and helps one rise above the illusions and distractions of the material world. Those who possess this secret knowledge are no longer bound by the dualities of life, such as pleasure and pain, success and failure. They live in a state of **equanimity** and inner peace, understanding the deeper meaning of existence.

In the Gita, this secret is also linked to **self-realization** and the understanding that the self is not the body or mind but the eternal soul. When one realizes this truth, one is freed from the cycle of birth and death and can experience the ultimate union with the divine.

In today's world, this secret can be interpreted as the realization that true happiness and fulfilment come from within, not from external achievements

Secret | राजगुह्य

or possessions. By turning inward and connecting with the divine essence within, we can discover the deeper purpose of life and live with wisdom, peace, and contentment. The Gita teaches that this secret knowledge is accessible to all who seek it with sincerity and devotion.

राजगुह्य

राजगुह्य, या **Secret**, भगवद गीता में वर्णित वह उच्चतम और गहनतम ज्ञान है, जो सामान्य समझ से परे है, लेकिन उन लोगों के लिए प्रकट होता है, जो इसे प्राप्त करने के लिए तैयार हैं। भगवान श्रीकृष्ण अर्जुन के साथ गीता में कई शिक्षाएँ साझा करते हैं, लेकिन ''राजगुह्य'' ज्ञान उस अंतिम सत्य को दर्शाता है, जो जीवन, ब्रह्मांड और ईश्वर के बारे में है। यह वह ज्ञान है, जो मोक्ष (*मुक्ति*) और आत्म-साक्षात्कार की ओर ले जाता है।

श्रीकृष्ण बताते हैं कि यह राजगुह्य केवल बौद्धिक प्रयासों से समझा नहीं जा सकता। यह एक आध्यात्मिक सत्य है, जिसे भीतर से महसूस किया जाना चाहिए। यह गुप्त ज्ञान आत्मा (आत्मन) की प्रकृति, भौतिक संसार की अस्थायी प्रकृति, और व्यक्तिगत आत्मा और परमात्मा (*परमात्मन*) के बीच शाश्वत संबंध को समझने में निहित है। श्रीकृष्ण यह रहस्योद्घाटन करते हैं कि सबसे बड़ा रहस्य यह है कि

ईश्वर या दिव्य चेतना पूरे ब्रह्मांड के हर पहलू में विद्यमान है और हमारे भीतर निवास करती है।

इस गुप्त ज्ञान को प्राप्त करने के लिए व्यक्ति को **श्रद्धा, भक्ति, और समर्पण** विकसित करना चाहिए। श्रीकृष्ण इस बात पर जोर देते हैं कि जो व्यक्ति अहंकार और आसक्ति से मुक्त होकर पवित्र हृदय से उनके पास आते हैं, वे इस गुप्त ज्ञान को प्राप्त कर सकते हैं और दिव्य ज्ञान का अनुभव कर सकते हैं। यह केवल पूर्ण भक्ति और ईश्वरीय इच्छा के प्रति समर्पण के माध्यम से ही संभव है कि कोई व्यक्ति इस छिपे हुए सत्य की अंतर्दृष्टि प्राप्त कर सके। यह गुप्त ज्ञान जीवन के अंतिम उद्देश्य को समझने और सच्ची शांति और संतोष की प्राप्ति का मार्ग है।

श्रीकृष्ण इस ज्ञान को **सभी ज्ञानों का राजा** कहते हैं-यह सर्वोच्च, सबसे मूल्यवान, और सबसे परिवर्तनकारी ज्ञान है। यह वह ज्ञान है, जो अस्तित्व की एकता को प्रकट करता है और व्यक्ति को भौतिक संसार के भ्रमों और विकर्षणों से ऊपर उठने में मदद करता है। जिनके पास यह गुप्त ज्ञान होता है, वे जीवन की द्वैतताओं-सुख और दुःख, सफलता और असफलता-से बंधे नहीं रहते। वे **समता** और आंतरिक शांति की स्थिति में रहते हैं, जो

अस्तित्व के गहरे अर्थ को समझते हैं।

गीता में, यह गुप्त ज्ञान आत्म-साक्षात्कार से भी जुड़ा हुआ है, अर्थात यह समझना कि आत्मा शरीर या मन नहीं है, बल्कि वह शाश्वत आत्मा है। जब व्यक्ति इस सत्य का साक्षात्कार करता है, तो वह जन्म और मृत्यु के चक्र से मुक्त हो जाता है और परमात्मा के साथ अंतिम मिलन का अनुभव करता है।

आज के समय में, इस गुप्त ज्ञान का अर्थ यह हो सकता है कि सच्चा सुख और संतोष बाहरी उपलब्धियों या वस्तुओं से नहीं, बल्कि भीतर से आता है। आंतरिक रूप से मुड़कर और हमारे भीतर स्थित दिव्य तत्व से जुड़कर, हम जीवन के गहरे उद्देश्य की खोज कर सकते हैं और ज्ञान, शांति, और संतोष के साथ जीवन जी सकते हैं। गीता सिखाती है कि यह गुप्त ज्ञान उन सभी के लिए सुलभ है, जो इसे श्रद्धा और भक्ति के साथ प्राप्त करना चाहते हैं।

10

Glory | विभूति

The concept of **Glory**, or *Vibhuti*, in the Bhagavad Gita refers to the divine manifestations of the Supreme Being in all aspects of creation. Lord Krishna explains to Arjuna that everything extraordinary, powerful, and magnificent in the universe is a reflection of his divine glory. Whether it's the brilliance of the sun, the majesty of the mountains, or the wisdom of great sages, all such wonders are expressions of Krishna's divine power.

Krishna emphasizes that his **Vibhuti** is present

in both the material and spiritual worlds, revealing itself through various forms and attributes. He lists examples such as being the life force in all beings, the intelligence in the wise, the strength in the strong, and the purity in those who seek truth. These examples highlight the idea that the divine is not distant or removed from the world but is actively present in every part of creation.

The understanding of **divine glory** helps one see the sacred in everything around them. It encourages an appreciation for the beauty, strength, and wisdom that exists in the world, recognizing these qualities as expressions of the divine. When we look at the world through this lens, every element of nature, every talent or achievement, becomes a reminder of the omnipresence of the divine.

Krishna's teaching on glory also emphasizes the interconnectedness of all things. The diversity of life, with its countless forms and abilities, is all

Glory | विभूति

part of the same divine source. This realization leads to a deeper sense of respect and reverence for life in all its forms, as each is a manifestation of the same divine energy.

However, Krishna also points out that the **Vibhuti** is only a fraction of his true, infinite nature. The universe itself, with all its wonders, is just a small expression of the vastness of the Supreme Being. This teaches us humility, as it reminds us that while we can see glimpses of the divine through these manifestations, the ultimate reality goes beyond what we can fully comprehend.

In practical terms, understanding the concept of glory helps us cultivate gratitude and humility. It reminds us that the talents and abilities we have are not solely our own but are gifts of the divine. This understanding helps us act without ego and develop a sense of responsibility to use our abilities for the greater good.

By recognizing the divine glory in ourselves

and others, we also foster compassion, realizing that everyone carries a spark of the divine within them. This leads to more harmonious relationships and a deeper connection with the world around us. Ultimately, Krishna's message is that by recognizing the **Vibhuti** in all things, we can live with a greater sense of purpose and alignment with the divine will.

विभूति

विभूति, या **Glory**, भगवद गीता में परमात्मा की उन दिव्य अभिव्यक्तियों को दर्शाता है, जो संपूर्ण सृष्टि में प्रकट होती हैं। भगवान श्रीकृष्ण अर्जुन को बताते हैं कि ब्रह्मांड में जो कुछ भी असाधारण, शक्तिशाली, और भव्य है, वह उनकी दिव्य महिमा का प्रतिबिंब है। चाहे वह सूर्य की चमक हो, पर्वतों की महानता हो, या महान ऋषियों की बुद्धि हो, सभी चमत्कार श्रीकृष्ण की दिव्य शक्ति की अभिव्यक्ति हैं।

श्रीकृष्ण यह स्पष्ट करते हैं कि उनकी **विभूति** भौतिक और आध्यात्मिक दोनों संसारों में विद्यमान है, और यह विभिन्न रूपों और गुणों के माध्यम से प्रकट होती है। वे कई उदाहरण देते हैं, जैसे कि सभी प्राणियों में जीवन शक्ति, ज्ञानी लोगों में बुद्धिमत्ता, बलवानों में शक्ति, और सत्य की खोज करने वालों में पवित्रता। इन उदाहरणों से यह समझ आता है कि ईश्वर संसार से दूर नहीं हैं, बल्कि सृष्टि के

हर हिस्से में सक्रिय रूप से विद्यमान हैं।

दिव्य महिमा की यह समझ हमें अपने चारों ओर की हर चीज में पवित्रता को देखने के लिए प्रेरित करती है। यह हमें संसार की सुंदरता, शक्ति, और ज्ञान के प्रति सराहना विकसित करने में मदद करती है, इन गुणों को दिव्यता की अभिव्यक्ति के रूप में मान्यता देती है। जब हम इस दृष्टिकोण से संसार को देखते हैं, तो प्रकृति का हर तत्व, हर प्रतिभा या उपलब्धि, ईश्वर की सर्वव्यापी उपस्थिति की याद दिलाती है।

श्रीकृष्ण की विभूति की शिक्षा यह भी बताती है कि सभी चीजें आपस में जुड़ी हुई हैं। जीवन की विविधता, इसकी असंख्य रूपों और क्षमताओं के साथ, उसी दिव्य स्रोत का हिस्सा है। यह समझ हमें जीवन के प्रति गहरे सम्मान और श्रद्धा का भाव उत्पन्न करती है, क्योंकि हर रूप दिव्य ऊर्जा की अभिव्यक्ति है।

हालांकि, श्रीकृष्ण यह भी बताते हैं कि **विभूति** उनकी अनंत प्रकृति का केवल एक अंश है। ब्रह्मांड स्वयं, अपनी सभी अद्भुतताओं के साथ, परमात्मा की विशालता का केवल एक छोटा सा प्रदर्शन है। यह हमें विनम्रता सिखाता है, क्योंकि यह याद दिलाता है कि यद्यपि हम इन अभिव्यक्तियों

के माध्यम से दिव्यता की झलक देख सकते हैं, फिर भी अंतिम सत्य हमारे पूर्ण समझ से परे है।

व्यावहारिक रूप में, महिमा की इस अवधारणा को समझने से हमारे भीतर **आभार और विनम्रता** का विकास होता है। यह हमें यह याद दिलाता है कि हमारी क्षमताएँ और योग्यताएँ केवल हमारी अपनी नहीं हैं, बल्कि दिव्य उपहार हैं। यह समझ हमें अहंकार के बिना कार्य करने और अपनी क्षमताओं का उपयोग लोकहित में करने की जिम्मेदारी विकसित करने में मदद करती है।

अपने और दूसरों में दिव्य महिमा को पहचानकर हम करुणा का विकास भी करते हैं, यह समझते हुए कि हर व्यक्ति के भीतर दिव्यता का एक अंश है। यह हमें और अधिक **सौहार्दपूर्ण संबंधों** और संसार के साथ गहरे जुड़ाव की ओर ले जाता है। अंतत:, श्रीकृष्ण का संदेश यह है कि जब हम हर चीज में विभूति को पहचानते हैं, तो हम दिव्य इच्छा के साथ बड़े उद्देश्य और समरसता से जीवन जी सकते हैं।

II

Vision | दर्शन

The concept of **Vision**, or *Darshan*, in the Bhagavad Gita represents the deeper ability to perceive the true nature of reality and the divine. It is not merely physical sight but the spiritual insight that reveals the essence of existence. In Chapter II of the Bhagavad Gita, Lord Krishna grants Arjuna the divine vision to witness his universal form, an all-encompassing view of his infinite nature.

This **vision** is a profound moment where Arjuna realizes that the divine is present everywhere

Vision | दर्शन

and in everything. He sees Krishna as the creator, sustainer, and destroyer of the universe, transcending all time and space. This universal form includes countless aspects, representing the totality of creation, which Arjuna could not have perceived with ordinary human eyes. Krishna explains that this vision requires divine grace and cannot be attained through regular senses or intellectual efforts.

The granting of this vision serves as a pivotal moment in the Gita, as it gives Arjuna a direct experience of the ultimate reality, which is beyond the material world. This vision teaches that the divine is infinite, unchanging, and ever-present, beyond the limitations of human understanding. It reveals the interconnectedness of all beings and the unity of creation, showing that everything is part of the divine will and purpose.

This divine vision is not only about seeing the greatness of God but also about understanding the fleeting nature of the material world. Through this experience, Arjuna learns that life, death, and everything in between are part of a grand cosmic plan. The Gita emphasizes that once one gains this higher vision, they can rise above their personal dilemmas and fears, understanding their role in the larger scheme of things.

In today's context, **vision** can be understood as the ability to see beyond surface-level appearances and grasp the deeper truths of life. It requires cultivating inner clarity and wisdom to perceive the divine in all aspects of existence. By developing spiritual vision, we learn to navigate life with greater awareness, recognizing the unity in diversity and the eternal presence of the divine.

True vision brings about **inner transformation**. It changes the way we view ourselves, others, and the world around us. We begin to see beyond the temporary successes and failures, beyond the illusions of the material world,

Vision | दर्शन

and understand the eternal truths that guide all existence. With this spiritual vision, one can live a life of purpose, peace, and alignment with the divine.

दर्शन

दर्शन, या **Vision**, भगवद गीता में उस गहन क्षमता को दर्शाता है, जिससे वास्तविकता और ईश्वर की सच्ची प्रकृति को देखा और समझा जा सकता है। यह केवल भौतिक दृष्टि नहीं है, बल्कि वह आध्यात्मिक दृष्टि है, जो अस्तित्व के सार को प्रकट करती है। भगवद गीता के 11वें अध्याय में, भगवान श्रीकृष्ण अर्जुन को अपनी **विश्वरूप** (संपूर्ण रूप) का दर्शन प्रदान करते हैं, जिससे अर्जुन को ईश्वर की अनंत प्रकृति का अनुभव होता है।

यह **दर्शन** अर्जुन के लिए एक महत्वपूर्ण क्षण है, जिसमें वह महसूस करता है कि ईश्वर हर जगह और हर चीज में विद्यमान है। वह श्रीकृष्ण को सृष्टि के रचयिता, पालक, और संहारक के रूप में देखता है, जो समय और स्थान से परे हैं। यह सार्वभौमिक रूप अनगिनत पहलुओं से भरा हुआ है, जो समग्र सृष्टि का प्रतिनिधित्व करता है, जिसे अर्जुन साधारण मानव आँखों से नहीं देख सकता

Vision | दर्शन

था। श्रीकृष्ण बताते हैं कि यह दृष्टि दिव्य अनुग्रह से प्राप्त होती है और इसे सामान्य इंद्रियों या बौद्धिक प्रयासों से नहीं पाया जा सकता।

यह दिव्य दृष्टि अर्जुन को प्रत्यक्ष अनुभव कराती है कि परम सत्य भौतिक संसार से परे है। यह दर्शन सिखाता है कि ईश्वर अनंत, अपरिवर्तनीय, और सदा विद्यमान हैं, जो मानव समझ से परे हैं। यह सभी प्राणियों की एकता और सृष्टि की समग्रता को प्रकट करता है, यह दिखाता है कि सब कुछ ईश्वरीय इच्छा और उद्देश्य का हिस्सा है।

यह **दर्शन** केवल ईश्वर की महानता को देखने तक सीमित नहीं है, बल्कि भौतिक संसार की अस्थायी प्रकृति को समझने तक भी है। इस अनुभव के माध्यम से, अर्जुन सीखता है कि जीवन, मृत्यु, और उनके बीच की हर चीज एक महान ब्रह्मांडीय योजना का हिस्सा है। गीता इस बात पर जोर देती है कि जब कोई व्यक्ति इस उच्चतर दृष्टि को प्राप्त कर लेता है, तो वह व्यक्तिगत संकटों और भय से ऊपर उठ सकता है, और बड़े दृष्टिकोण से अपनी भूमिका को समझ सकता है।

आज के संदर्भ में, दर्शन का अर्थ है सतह-स्तरीय दिखावे से परे जाकर जीवन के गहरे सत्य को देखना। इसके लिए

आंतरिक स्पष्टता और ज्ञान को विकसित करना आवश्यक है, ताकि हम हर चीज में ईश्वर की उपस्थिति को पहचान सकें। आध्यात्मिक दृष्टि विकसित करके, हम जीवन को अधिक जागरूकता के साथ जीना सीखते हैं, विविधता में एकता को पहचानते हैं, और ईश्वर की शाश्वत उपस्थिति को महसूस करते हैं।

सच्चा **दर्शन** आंतरिक रूपांतरण लाता है। यह हमारे दृष्टिकोण को बदल देता है-हम खुद को, दूसरों को, और अपने चारों ओर की दुनिया को एक नए दृष्टिकोण से देखने लगते हैं। हम अस्थायी सफलताओं और विफलताओं से परे, भौतिक संसार के भ्रमों से ऊपर उठकर, उन शाश्वत सत्यों को समझते हैं, जो सभी अस्तित्व का मार्गदर्शन करते हैं। इस आध्यात्मिक दृष्टि के साथ, कोई व्यक्ति उद्देश्य, शांति, और ईश्वरीय सामंजस्य के साथ जीवन जी सकता है।

12

Devotion | भक्ति

Devotion, or *Bhakti*, is a central theme in the Bhagavad Gita. It refers to the deep, unconditional love and surrender to the divine. In the Gita, Lord Krishna explains to Arjuna that devotion is one of the highest paths to realize the Supreme. Through devotion, a person can transcend ego, selfish desires, and material attachments, achieving a union with the divine.

True **devotion** is selfless and pure. It is not about seeking personal gains or rewards but about offering oneself fully to God with trust and faith. Devotion is about seeing the divine in all aspects of life, understanding that every action, thought, and feeling can be an offering to the divine. Krishna explains that one can approach God through various paths, including knowledge (jnana), meditation (dhyana), and action (karma), but devotion is unique because it involves the heart's surrender.

In the Gita, Krishna reassures Arjuna that anyone can follow the path of devotion, regardless of their background or qualifications. What matters is sincerity and love. Krishna says that even offering a simple leaf, flower, fruit, or water with devotion is accepted by the divine. This illustrates that God does not demand grand gestures or material offerings but values the intent and love behind the action.

Devotion also means having unwavering faith in the divine plan. Even in moments of hardship,

Devotion | भक्ति

sorrow, or confusion, a devotee remains steadfast, trusting that everything is happening for a higher purpose. This faith leads to peace, as the devotee no longer feels the need to control or worry about the future. Instead, they trust in the divine will, knowing that God's grace is always present.

The beauty of **devotion** lies in its simplicity. It does not require elaborate rituals or complex knowledge. It is accessible to everyone, and it creates a direct, personal relationship with the divine. Through devotion, one can experience the joy of being in constant connection with God, feeling the divine presence in every moment.

Krishna emphasizes that the path of **devotion** is open to all, and those who walk it are always protected and cared for by the divine. This path cultivates qualities like humility, patience, love, and compassion. It transforms the devotee's heart, leading to a life of service, kindness, and spiritual fulfilment.

Gita Saar

In essence, **devotion** is the complete dedication of oneself to God. It is not bound by rituals or dogma but is a natural expression of love and surrender. Through devotion, one experiences the ultimate peace and joy of divine union.

भक्ति

भक्ति भगवद गीता में एक महत्वपूर्ण विषय है। यह परमात्मा के प्रति गहरी, निःस्वार्थ प्रेम और समर्पण को दर्शाता है। गीता में, भगवान श्रीकृष्ण अर्जुन को समझाते हैं कि भक्ति परमात्मा को जानने और उनसे एकात्मता प्राप्त करने का सबसे श्रेष्ठ मार्ग है। भक्ति के माध्यम से, मनुष्य अहंकार, स्वार्थी इच्छाओं, और भौतिक आसक्तियों को पार कर सकता है और ईश्वर से मिलन प्राप्त कर सकता है।

सच्ची **भक्ति** निःस्वार्थ और पवित्र होती है। यह व्यक्तिगत लाभ या पुरस्कार पाने के लिए नहीं होती, बल्कि पूरी आस्था और प्रेम के साथ ईश्वर को समर्पित होती है। भक्ति का अर्थ है जीवन के हर पहलू में ईश्वर को देखना और यह समझना कि हर कार्य, विचार, और भावना ईश्वर को अर्पित की जा सकती है। श्रीकृष्ण बताते हैं कि कोई व्यक्ति ज्ञान (ज्ञान योग), ध्यान (ध्यान योग), और कर्म (कर्म योग)

के माध्यम से ईश्वर तक पहुँच सकता है, लेकिन भक्ति का मार्ग अनोखा है क्योंकि इसमें हृदय का समर्पण होता है।

गीता में, श्रीकृष्ण अर्जुन को आश्वस्त करते हैं कि कोई भी व्यक्ति भक्ति के मार्ग पर चल सकता है, चाहे उसकी पृष्ठभूमि या योग्यता कुछ भी हो। जो महत्वपूर्ण है वह है भक्ति की सच्चाई और प्रेम। श्रीकृष्ण कहते हैं कि यदि कोई भक्त प्रेम से एक पत्ता, फूल, फल, या जल भी अर्पित करता है, तो वे उसे स्वीकार करते हैं। इससे यह संदेश मिलता है कि ईश्वर भव्य भेंटों या भौतिक संपत्तियों की माँग नहीं करते, बल्कि भक्ति और प्रेम की भावना का मूल्य रखते हैं।

भक्ति का अर्थ यह भी है कि भक्त को ईश्वर की योजना पर अडिग विश्वास होता है। कठिनाई, दुःख, या भ्रम की घड़ी में भी भक्त स्थिर रहता है, यह विश्वास रखते हुए कि सब कुछ एक उच्च उद्देश्य के लिए हो रहा है। यह विश्वास शांति लाता है, क्योंकि भक्त को भविष्य की चिंता या नियंत्रण करने की आवश्यकता महसूस नहीं होती। वह ईश्वरीय इच्छा में विश्वास करता है और जानता है कि ईश्वर की कृपा हमेशा उसके साथ है।

भक्ति की सुंदरता उसकी सरलता में है। इसके लिए

Devotion | भक्ति

किसी जटिल अनुष्ठान या गहन ज्ञान की आवश्यकता नहीं है। यह सभी के लिए सुलभ है और इसके माध्यम से व्यक्ति ईश्वर से एक सीधा और व्यक्तिगत संबंध अनुभव कर सकता है। भक्ति के माध्यम से, भक्त हर पल में ईश्वर की उपस्थिति का आनंद अनुभव करता है।

श्रीकृष्ण यह स्पष्ट करते हैं कि **भक्ति का मार्ग** सबके लिए खुला है और जो इस मार्ग पर चलता है, उसकी सदैव रक्षा और देखभाल की जाती है। इस मार्ग पर चलने से व्यक्ति में विनम्रता, धैर्य, प्रेम, और करुणा जैसे गुण विकसित होते हैं। भक्ति भक्त के हृदय को बदल देती है, जिससे वह सेवा, दयालुता, और आध्यात्मिक संतोष का जीवन जीने लगता है।

अंतत:, **भक्ति** स्वयं को पूरी तरह से ईश्वर को समर्पित कर देने का नाम है। यह अनुष्ठानों या धार्मिक नियमों से बंधी नहीं है, बल्कि यह प्रेम और समर्पण की स्वाभाविक अभिव्यक्ति है। भक्ति के माध्यम से, व्यक्ति परग शांति और आनंद का अनुभव करता है, जो ईश्वर से मिलन के साथ आता है।

13

Field | क्षेत्र

In the Bhagavad Gita, the concept of the **Field**, or *Kshetra*, holds profound philosophical significance. It refers to the body and the material world in which all actions take place. In Chapter 13, Lord Krishna describes the **Field** as the physical realm of existence, which includes not just the human body but also the external world—everything that can be perceived by the senses and is subject to change.

The **Field** represents the temporary, material aspects of life. It is the place where the soul, or

Field | क्षेत्र

the true self (*Kshetrajna*), resides and experiences various events and emotions. Krishna explains that while the **Field** is transient and subject to birth, growth, decay, and death, the soul is eternal and unchanging. The body is like a vessel, and the soul is the witness or knower of the **Field**.

Krishna makes a clear distinction between the **Field** and the **Knower of the Field** (Kshetrajna). The body and the world are ever-changing and impermanent, but the soul remains the constant observer. The soul witnesses all actions, desires, thoughts, and experiences without being affected by them. Understanding this separation between the **Field** and the **Knower of the Field** is a key to spiritual wisdom.

Krishna also explains that true knowledge comes from recognizing that the physical body and the material world are not the ultimate reality. The **Field** is just a stage for life's experiences,

and attachment to it leads to suffering. The wise person understands that the body is a temporary vehicle and that the real essence of life lies in the eternal soul.

The **Field** is also the place of action—where desires, emotions, and physical experiences play out. It is the battleground of life where karma unfolds. However, a person who is spiritually awakened understands that they are not the body but the eternal soul within it. By realizing this, one can act in the world without attachment, understanding that all actions are part of the natural processes of the **Field**, but the soul remains untouched and pure.

In today's world, the concept of the **Field** can be seen as the recognition that the material world is temporary and that our true self is beyond the physical. We live and operate in the **Field**, but spiritual wisdom comes from knowing that we are not defined by it. This knowledge brings

inner peace and freedom from the fear of death or change, as the soul is beyond these temporal conditions.

क्षेत्र

भगवद गीता में **क्षेत्र** (Kshetra) का विचार गहरी दार्शनिक महत्ता रखता है। यह शरीर और भौतिक संसार को संदर्भित करता है, जहाँ सभी कर्म होते हैं। गीता के 13वें अध्याय में, भगवान श्रीकृष्ण **क्षेत्र** को अस्तित्व के भौतिक स्वरूप के रूप में वर्णित करते हैं, जिसमें न केवल मानव शरीर, बल्कि बाहरी संसार भी शामिल है-वह सब कुछ जो इंद्रियों द्वारा अनुभव किया जा सकता है और जो परिवर्तनशील है।

क्षेत्र जीवन के अस्थायी, भौतिक पहलुओं का प्रतिनिधित्व करता है। यह वह स्थान है जहाँ आत्मा, या वास्तविक आत्म (*Kshetrajna*), निवास करती है और विभिन्न घटनाओं और भावनाओं का अनुभव करती है। श्रीकृष्ण बताते हैं कि जबकि **क्षेत्र** अस्थायी है और जन्म, वृद्धि, पतन, और मृत्यु के अधीन है, आत्मा शाश्वत और अपरिवर्तनीय है। शरीर एक पात्र की तरह है, और आत्मा उस **क्षेत्र** का ज्ञाता या साक्षी है।

Field | क्षेत्र

श्रीकृष्ण **क्षेत्र** और **क्षेत्रज्ञ** (क्षेत्र के ज्ञाता) के बीच स्पष्ट भेद करते हैं। शरीर और संसार हमेशा बदलते रहते हैं और अस्थायी होते हैं, लेकिन आत्मा सदैव स्थिर और साक्षी रहती है। आत्मा सभी कर्मों, इच्छाओं, विचारों, और अनुभवों को देखती है, लेकिन उनसे प्रभावित नहीं होती। इस भेद को समझना आध्यात्मिक ज्ञान का महत्वपूर्ण अंग है।

श्रीकृष्ण यह भी बताते हैं कि सच्चा ज्ञान इस बात को समझने से आता है कि शारीरिक शरीर और भौतिक संसार अंतिम वास्तविकता नहीं हैं। **क्षेत्र** केवल जीवन के अनुभवों का एक मंच है, और इसके प्रति आसक्ति दुख का कारण बनती है। ज्ञानी व्यक्ति समझता है कि शरीर एक अस्थायी माध्यम है और जीवन का वास्तविक सार आत्मा में निहित है, जो शाश्वत और अचल है।

क्षेत्र कर्म का स्थान भी है-जहाँ इच्छाएँ, भावनाएँ, और शारीरिक अनुभव चलते रहते हैं। यह जीवन का युद्धक्षेत्र है जहाँ कर्म प्रकट होते हैं। हालांकि, एक आध्यात्मिक रूप से जागरुक व्यक्ति समझता है कि वह शरीर नहीं है, बल्कि उसके भीतर स्थित शाश्वत आत्मा है। यह महसूस करके, व्यक्ति संसार में कर्म कर सकता है, लेकिन किसी भी आसक्ति के बिना, यह जानते हुए कि सभी क्रियाएँ **क्षेत्र**

की प्राकृतिक प्रक्रियाओं का हिस्सा हैं, जबकि आत्मा हमेशा शुद्ध और अछूती रहती है।

आज के संदर्भ में, **क्षेत्र** का अर्थ यह हो सकता है कि भौतिक संसार अस्थायी है और हमारा सच्चा अस्तित्व इससे परे है। हम **क्षेत्र** में रहते हैं और कार्य करते हैं, लेकिन आध्यात्मिक ज्ञान इस बात से आता है कि हम इससे परिभाषित नहीं होते। यह ज्ञान आंतरिक शांति और मृत्यु या परिवर्तन के भय से मुक्ति लाता है, क्योंकि आत्मा इन अस्थायी स्थितियों से परे है।

14
Gunas | गुण

The concept of **Gunas** or qualities is central to understanding human nature and behaviour, as explained in the Bhagavad Gita. The **Gunas** are the three fundamental forces that constitute all of existence and influence everything in the material world. These are **Sattva** (purity, harmony), **Rajas** (passion, activity), and **Tamas** (ignorance, inertia). Every individual and object in the universe is governed by a combination of these three **Gunas**, and their interaction determines one's thoughts, actions, and spiritual growth.

Sattva, the first Guna, represents purity, wisdom, and light. It is associated with qualities like calmness, selflessness, and clarity of mind. When **Sattva** is dominant, a person tends to be peaceful, virtuous, and driven by a desire to do good without expecting rewards. **Sattva** leads to knowledge and enlightenment, making it essential for spiritual progress. However, even **Sattva**, though the highest of the three, can bind a person to attachment if one becomes overly attached to goodness or a desire for spiritual superiority.

Rajas, the second Guna, represents passion, energy, and desire. It is the force that drives action and ambition but is often fueled by selfish motives. **Rajas** is associated with qualities like restlessness, dissatisfaction, and constant pursuit of pleasure or success. While **Rajas** is necessary for action and change, an excess of it leads to attachment, stress, and suffering, as it binds individuals to the fruits of their actions. People influenced by **Rajas** are driven by desires and ego, constantly seeking recognition, power, and material gains.

Tamas, the third Guna, symbolizes darkness, ignorance, and inactivity. It is characterized by laziness, confusion, and a lack of motivation. **Tamas** causes delusion, leading to ignorance and misjudgment. When **Tamas** dominates, it clouds the mind, making a person sluggish, indifferent, or prone to harmful habits. It is the lowest of the three **Gunas**, pulling individuals into inertia, ignorance, and a cycle of unawareness. Overcoming **Tamas** is crucial for personal growth and spiritual awakening.

Krishna explains in the Gita that these three **Gunas** are always in a state of flux within every individual. They compete with each other for dominance, and the quality of one's life depends on which Guna is predominant at any given time. The goal of spiritual practice is to rise above the influence of the **Gunas** and achieve a state of transcendence, where the soul is no longer affected by their constant fluctuations.

To attain liberation, a person must cultivate **Sattva** while reducing the influence of **Rajas** and **Tamas**. However, true liberation comes when one transcends even **Sattva** and becomes free from attachment to all the **Gunas**. In this state, a person acts without being influenced by desire, ignorance, or the need for recognition, finding peace in the eternal truth of the self.

In modern life, understanding the **Gunas** helps individuals reflect on their tendencies and behaviours. Recognizing the influence of **Sattva**, **Rajas**, and **Tamas** can guide one toward a more balanced and aware way of living, ultimately leading to inner peace and spiritual evolution.

गुण

गुण या *Gunas* का विचार भगवद गीता में मानव स्वभाव और व्यवहार को समझने का मुख्य आधार है। **गुण** तीन मौलिक शक्तियाँ हैं जो समस्त अस्तित्व का निर्माण करती हैं और भौतिक जगत की हर चीज को प्रभावित करती हैं। ये तीन **गुण** हैं-**सत्व** (शुद्धता, सामंजस्य), **रजस** (उत्साह, क्रियाशीलता), और **तमस** (अज्ञानता, जड़ता)। ब्रह्मांड के प्रत्येक व्यक्ति और वस्तु में इन तीनों **गुणों** का संयोजन होता है, और इनका आपसी तालमेल ही किसी व्यक्ति के विचारों, कर्मों, और आध्यात्मिक प्रगति को निर्धारित करता है।

सत्व, पहला **गुण**, शुद्धता, ज्ञान, और प्रकाश का प्रतीक है। यह शांति, निःस्वार्थता, और मन की स्पष्टता जैसी विशेषताओं से जुड़ा होता है। जब **सत्व** का प्रभुत्व होता है, तो व्यक्ति शांत, गुणी, और निःस्वार्थ भाव से कार्य करने के लिए प्रेरित होता है। **सत्व** ज्ञान और आत्मिक प्रगति

की ओर ले जाता है। हालांकि, **सत्व** भी, यद्यपि सबसे उच्च गुण है, व्यक्ति को आसक्ति में बाँध सकता है यदि कोई व्यक्ति अच्छाई या आध्यात्मिक श्रेष्ठता की इच्छा से अत्यधिक प्रभावित हो जाता है।

रजस, दूसरा **गुण**, उत्साह, ऊर्जा, और इच्छा का प्रतीक है। यह वह शक्ति है जो कर्म और महत्वाकांक्षा को प्रेरित करती है, लेकिन यह अक्सर स्वार्थी उद्देश्यों से संचालित होती है। **रजस** की विशेषताएँ अशांति, असंतोष, और निरंतर सुख या सफलता की खोज से जुड़ी होती हैं। जबकि **रजस** क्रिया और परिवर्तन के लिए आवश्यक है, इसकी अधिकता व्यक्ति को कर्मफल, तनाव, और दुःख की ओर खींचती है। **रजस** से प्रभावित व्यक्ति इच्छाओं और अहंकार से संचालित होते हैं, जो मान्यता, शक्ति, और भौतिक लाभों की सतत खोज में लगे रहते हैं।

तमस, तीसरा **गुण**, अंधकार, अज्ञानता, और निष्क्रियता का प्रतीक है। यह आलस्य, भ्रम, और प्रेरणा की कमी से जुड़ा होता है। **तमस** व्यक्ति को भ्रमित करता है, जिससे अज्ञानता और गलत निर्णय होते हैं। जब **तमस** का प्रभाव बढ़ जाता है, तो यह मन को धुंधला कर देता है, जिससे व्यक्ति सुस्त, उदासीन, या हानिकारक आदतों का शिकार

हो जाता है। यह तीनों **गुणों** में सबसे निम्न है, जो व्यक्ति को जड़ता, अज्ञानता, और अवचेतना के चक्र में बाँध देता है। **तमस** को पार करना व्यक्तिगत और आध्यात्मिक प्रगति के लिए आवश्यक है।

श्रीकृष्ण गीता में बताते हैं कि ये तीनों **गुण** प्रत्येक व्यक्ति के भीतर हमेशा एक प्रतिस्पर्धा की स्थिति में होते हैं। ये आपस में प्रभुत्व के लिए संघर्ष करते रहते हैं, और व्यक्ति के जीवन की गुणवत्ता इस बात पर निर्भर करती है कि किसी भी समय कौन सा **गुण** प्रमुख होता है। आध्यात्मिक अभ्यास का लक्ष्य इन **गुणों** से ऊपर उठना और एक ऐसे अवस्था तक पहुँचना है, जहाँ आत्मा इन गुणों के निरंतर उतार-चढ़ाव से अप्रभावित रहती है।

मुक्ति प्राप्त करने के लिए, व्यक्ति को **सत्व** का विकास करना चाहिए और **रजस** और **तमस** के प्रभाव को कम करना चाहिए। लेकिन सच्ची मुक्ति तब मिलती है जब व्यक्ति **सत्व** से भी ऊपर उठ जाता है और सभी **गुणों** से मुक्त हो जाता है। इस अवस्था में, व्यक्ति बिना इच्छा, अज्ञानता, या मान्यता की आवश्यकता के कर्म करता है और आत्मा की शाश्वत सच्चाई में शांति पाता है।

आधुनिक जीवन में, **गुणों** की समझ व्यक्तियों को उनके

स्वभाव और व्यवहार पर आत्मचिंतन करने में मदद करती है। **सत्व, रजस,** और **तमस** के प्रभाव को पहचानना व्यक्ति को एक अधिक संतुलित और जागरूक जीवन जीने की दिशा में मार्गदर्शन कर सकता है, जो अंतत: आंतरिक शांति और आध्यात्मिक विकास की ओर ले जाता है।

15

Supreme | सर्वोच्च

The concept of the **Supreme** (*Sarvoch*) in the Bhagavad Gita refers to the ultimate reality or the highest truth that transcends all forms and limitations of the material world. Lord Krishna, as the divine teacher, reveals himself as the **Supreme Being**, the source of all creation, maintenance, and dissolution in the universe. This **Supreme** is beyond time, space, and the transient nature of existence. It is the eternal truth, the essence that exists in every living being yet remains unattached

and unaffected by the material world.

Krishna explains that the **Supreme** is not confined to a particular form or name. It is present everywhere, in all things, and at all times. It manifests through nature, through the universe, and through the inner consciousness of every individual. The **Supreme** is the driving force behind all actions, thoughts, and emotions, yet it remains untouched by them. It is the ultimate witness, the one that observes without being involved, the force that sustains life without being influenced by it.

One of the key teachings in the Gita is that to realize the **Supreme**, one must rise above the ego, desires, and attachments. The ego is what creates a sense of separation between the individual self and the **Supreme Self**. Krishna teaches that when a person surrenders their ego and aligns themselves with the **Supreme**, they experience inner peace, fulfilment, and liberation. This is the path to

Supreme | सर्वोच्च

self-realization—the understanding that one's true nature is not limited to the body or mind but is connected to the infinite **Supreme**.

Krishna further explains that devotion to the **Supreme** is the highest form of spiritual practice. Through selfless devotion (Bhakti), one can connect directly with the **Supreme**, transcending the limitations of the material world and experiencing a deep connection with the divine. This devotion is not about blind faith but about recognizing the presence of the **Supreme** in everything and everyone. It is about living a life of humility, compassion, and service, knowing that the **Supreme** exists within all beings.

The **Supreme** is also the ultimate destination for all souls. It is the state of eternal bliss (*Ananda*) that lies beyond the cycles of birth and death. When a soul realizes its oneness with the **Supreme**, it attains liberation (moksha) and is freed from the suffering and limitations of the material world.

This realization brings about a profound shift in consciousness, where the individual no longer sees themselves as separate but as a part of the divine whole.

In modern life, understanding the concept of the **Supreme** can help one cultivate a sense of purpose and inner peace. By recognizing that there is a higher power guiding the universe and by aligning one's actions with that power, individuals can find clarity and fulfilment. The **Supreme** is not something distant or unreachable; it is present in every moment, in every being, waiting to be realized through awareness and devotion.

सर्वोच्च

भगवद गीता में **सर्वोच्च** (Sarvoch) का विचार उस परम सत्य या अंतिम वास्तविकता को संदर्भित करता है जो भौतिक जगत के सभी रूपों और सीमाओं से परे है। भगवान श्रीकृष्ण, जो दिव्य शिक्षक हैं, स्वयं को **सर्वोच्च सत्ता** के रूप में प्रकट करते हैं-जो समस्त सृष्टि, पालन, और विनाश का स्रोत है। यह **सर्वोच्च** समय, स्थान, और अस्तित्व की अस्थायी प्रकृति से परे है। यह शाश्वत सत्य है, जो प्रत्येक जीवित प्राणी में विद्यमान है, फिर भी यह भौतिक जगत से अप्रभावित और असंगठित रहता है।

श्रीकृष्ण बताते हैं कि **सर्वोच्च** किसी विशेष रूप या नाम तक सीमित नहीं है। यह हर जगह, हर चीज में, और हर समय उपस्थित है। यह प्रकृति, ब्रह्मांड, और प्रत्येक व्यक्ति की आंतरिक चेतना के माध्यम से प्रकट होता है। **सर्वोच्च** सभी कर्मों, विचारों, और भावनाओं के पीछे की प्रेरक शक्ति है, फिर भी यह उनसे अप्रभावित रहता है। यह

परम साक्षी है-जो बिना भागीदारी के सब कुछ देखता है और जो जीवन को बनाए रखता है लेकिन उससे प्रभावित नहीं होता।

गीता की एक महत्वपूर्ण शिक्षा यह है कि **सर्वोच्च** को महसूस करने के लिए व्यक्ति को अहंकार, इच्छाओं, और आसक्ति से ऊपर उठना चाहिए। अहंकार वह है जो व्यक्ति और **सर्वोच्च आत्मा** के बीच अलगाव की भावना पैदा करता है। श्रीकृष्ण सिखाते हैं कि जब कोई व्यक्ति अपने अहंकार को त्याग देता है और स्वयं को **सर्वोच्च** के साथ संरेखित करता है, तो उसे आंतरिक शांति, पूर्णता, और मुक्ति का अनुभव होता है। यही आत्म-साक्षात्कार का मार्ग है-यह समझना कि हमारी सच्ची प्रकृति शरीर या मन तक सीमित नहीं है, बल्कि अनंत **सर्वोच्च** से जुड़ी हुई है।

श्रीकृष्ण आगे बताते हैं कि **सर्वोच्च** के प्रति भक्ति सबसे उच्च आध्यात्मिक साधना है। निःस्वार्थ भक्ति (*भक्ति*) के माध्यम से व्यक्ति **सर्वोच्च** से सीधे जुड़ सकता है, भौतिक जगत की सीमाओं को पार कर दिव्य से गहरा संबंध अनुभव कर सकता है। यह भक्ति अंध विश्वास की बात नहीं है, बल्कि हर चीज और हर किसी में **सर्वोच्च** की उपस्थिति को पहचानने की बात है। यह विनम्रता, करुणा,

Supreme | सर्वोच्च

और सेवा के जीवन को जीने के बारे में है, यह जानकर कि **सर्वोच्च** सभी प्राणियों के भीतर विद्यमान है।

सर्वोच्च सभी आत्माओं के लिए अंतिम गंतव्य है। यह वह शाश्वत आनंद (*आनंद*) है जो जन्म और मृत्यु के चक्र से परे है। जब आत्मा अपनी **सर्वोच्च** के साथ एकता को पहचानती है, तो वह मुक्ति (*मोक्ष*) प्राप्त करती है और भौतिक जगत के दुखों और सीमाओं से मुक्त हो जाती है। यह साक्षात्कार चेतना में एक गहरा बदलाव लाता है, जहाँ व्यक्ति स्वयं को अलग नहीं देखता, बल्कि दिव्य संपूर्ण का एक हिस्सा मानता है।

आधुनिक जीवन में, **सर्वोच्च** की अवधारणा को समझना व्यक्ति को उद्देश्य और आंतरिक शांति का अनुभव करने में मदद कर सकता है। यह समझकर कि ब्रह्मांड में एक उच्च शक्ति है जो मार्गदर्शन करती है, और अपने कर्मों को उस शक्ति के साथ संरेखित करके व्यक्ति स्पष्टता और संतोष पा सकता है। **सर्वोच्च** कोई दूरस्थ या अप्राप्य शक्ति नहीं है; यह हर क्षण, हर प्राणी में विद्यमान है और जागरूकता और भक्ति के माध्यम से महसूस किया जा सकता है।

16

Divine | दैवी

The **Divine** refers to the manifestation of the higher, spiritual qualities that exist within all beings, as described in the Bhagavad Gita. The **Divine** qualities represent purity, righteousness, and a connection to the eternal truth. These qualities are what elevate a person from the distractions and desires of the material world, leading them towards a life of harmony, peace, and spiritual fulfilment.

Krishna explains that the **Divine** nature is characterized by virtues such as compassion,

Divine | दैवी

forgiveness, self-control, non-violence, truthfulness, humility, and wisdom. These qualities align with the eternal laws of the universe and are the foundation for spiritual growth. Those who embody the **Divine** qualities live in alignment with their higher selves and with the cosmic order. They act out of love and kindness, seeking to serve others without selfish motives. Such individuals are free from greed, anger, pride, and attachment to the material world.

Krishna contrasts these **Divine** qualities with the lower, destructive qualities that bind a person to ignorance and suffering. These include arrogance, deceit, anger, cruelty, and desires driven by the ego. The more a person cultivates the **Divine** qualities, the more they move toward liberation (moksha) and inner peace. Krishna emphasizes that anyone, regardless of their past actions, can develop these qualities through sincere effort, devotion, and self-discipline.

The **Divine** is also a reflection of the individual's connection to the **Supreme Being**. It is the spark of divinity within each soul that drives the desire for goodness, wisdom, and love. By nurturing this inner divinity, a person can transcend the limitations of the material world and realize their true, eternal nature. This realization brings about profound inner transformation, allowing the individual to live a life of purity and grace.

In the Gita, Krishna teaches that living a **Divine** life involves not just spiritual practices but also the way one interacts with the world. It is about living a balanced life, where one's thoughts, words, and actions are aligned with the higher truth. Through meditation, selfless service, and devotion, one can strengthen their connection to the **Divine** and experience the bliss that comes from being in harmony with the universe.

In today's world, the **Divine** qualities are more

Divine | दैवी

relevant than ever. In a world often driven by competition, materialism, and self-centred goals, embracing the **Divine** within can lead to a more meaningful, compassionate, and fulfilling life. By practising kindness, honesty, and humility, individuals can contribute to a world that is more peaceful and just while also advancing on their own spiritual path.

दैवी

दैवी का विचार भगवद गीता में उन उच्च आध्यात्मिक गुणों के रूप में प्रस्तुत किया गया है, जो सभी प्राणियों के भीतर विद्यमान होते हैं। **दैवी** गुण शुद्धता, धर्म, और शाश्वत सत्य से जुड़ाव का प्रतीक हैं। ये गुण व्यक्ति को भौतिक जगत की इच्छाओं और विकर्षणों से ऊपर उठाते हैं, और उसे एक संतुलित, शांतिपूर्ण, और आध्यात्मिक रूप से पूर्ण जीवन की ओर ले जाते हैं।

श्रीकृष्ण बताते हैं कि **दैवी** स्वभाव करुणा, क्षमा, आत्म-संयम, अहिंसा, सत्यता, विनम्रता, और ज्ञान जैसी विशेषताओं से युक्त होता है। ये गुण ब्रह्मांड के शाश्वत नियमों के साथ मेल खाते हैं और आध्यात्मिक प्रगति की नींव हैं। जो लोग **दैवी** गुणों को अपनाते हैं, वे अपने उच्चतर स्व और ब्रह्मांडीय व्यवस्था के साथ संतुलन में रहते हैं। वे प्रेम और दया से कार्य करते हैं, और दूसरों की सेवा निःस्वार्थ भाव से करते हैं। ऐसे व्यक्ति लोभ, क्रोध,

Divine | **दैवी**

अहंकार, और भौतिक जगत की आसक्तियों से मुक्त होते हैं।

श्रीकृष्ण **दैवी** गुणों की तुलना उन निम्न, विनाशकारी गुणों से करते हैं, जो व्यक्ति को अज्ञान और दुख से बाँधते हैं। इनमें अहंकार, कपट, क्रोध, क्रूरता, और अहं से प्रेरित इच्छाएँ शामिल हैं। जितना अधिक व्यक्ति **दैवी** गुणों को विकसित करता है, उतना ही वह मुक्ति (मोक्ष) और आंतरिक शांति की ओर बढ़ता है। श्रीकृष्ण इस बात पर जोर देते हैं कि कोई भी व्यक्ति, चाहे उसने अतीत में जो भी किया हो, इन गुणों को ईमानदारी, भक्ति, और आत्म-अनुशासन के माध्यम से विकसित कर सकता है।

दैवी व्यक्ति की **सर्वोच्च सत्ता** से जुड़ाव का भी प्रतिबिंब है। यह प्रत्येक आत्मा के भीतर विद्यमान दिव्यता की वह चिंगारी है, जो अच्छाई, ज्ञान, और प्रेम की इच्छा को प्रेरित करती है। इस आंतरिक दिव्यता का पोषण करके, व्यक्ति भौतिक जगत की सीमाओं से ऊपर उठ सकता है और अपनी सच्ची, शाश्वत प्रकृति को पहचान सकता है। यह साक्षात्कार गहरे आंतरिक परिवर्तन को जन्म देता है, जिससे व्यक्ति एक शुद्ध और सौम्य जीवन जीने लगता है।

गीता में, श्रीकृष्ण सिखाते हैं कि **दैवी** जीवन जीना केवल आध्यात्मिक साधनों तक सीमित नहीं है, बल्कि यह

भी है कि व्यक्ति संसार के साथ कैसे संपर्क करता है। यह एक संतुलित जीवन जीने के बारे में है, जहाँ किसी के विचार, शब्द, और कर्म उच्चतर सत्य के साथ मेल खाते हैं। ध्यान, निःस्वार्थ सेवा, और भक्ति के माध्यम से व्यक्ति अपने **दैवी** से जुड़ाव को मजबूत कर सकता है और उस आनंद का अनुभव कर सकता है, जो ब्रह्मांड के साथ सामंजस्य में रहने से प्राप्त होता है।

आज के युग में, **दैवी** गुणों की प्रासंगिकता और भी अधिक है। एक ऐसे संसार में, जहाँ प्रतिस्पर्धा, भौतिकवाद, और स्वार्थी लक्ष्यों का बोलबाला है, भीतर की **दैवी** का आलिंगन करना अधिक अर्थपूर्ण, करुणामय, और संतोषप्रद जीवन जीने का मार्ग प्रदान करता है। दया, सत्यनिष्ठा, और विनम्रता का अभ्यास करके, व्यक्ति न केवल अपने आध्यात्मिक पथ पर आगे बढ़ सकता है, बल्कि एक अधिक शांतिपूर्ण और न्यायपूर्ण संसार में भी योगदान दे सकता है।

17

Faith | श्रद्धा

Faith (*Shraddha*) is a fundamental aspect of spiritual practice and personal growth, as described in the Bhagavad Gita. It refers to the deep trust and conviction one holds in the divine, in spiritual principles, and in one's own journey. Faith is not merely a passive belief but an active, living force that guides one's actions, thoughts, and attitudes.

In the Gita, Krishna explains that **Faith** is a driving force behind a person's actions and behaviours. It influences how individuals perceive

Gita Saar

the world, how they interact with others, and how they approach their spiritual practices. There are different types of **Faith** depending on the nature of one's beliefs and their alignment with divine truth.

1. **Sattvic Faith**: This type of faith is characterized by a pure and enlightened perspective. People with Sattvic Faith trust in the higher spiritual truths and act with sincerity, humility, and compassion. Their faith leads them to follow righteous paths, seek knowledge, and engage in practices that promote inner peace and harmony. They have faith in the divine order and in their own spiritual progress, which drives them to live a life of integrity and dedication.

2. **Rajasic Faith**: This type of faith is driven by desire and ambition. Individuals with Rajasic Faith may have a strong belief in their goals and aspirations, often pursuing success and

power with intense focus. However, their faith is often self-serving and attached to the outcomes of their actions. They seek rewards and recognition, and their actions are motivated by personal gain and ego. This type of faith can lead to restlessness and dissatisfaction if the expected results are not achieved.

3. **Tamasic Faith**: This type of faith is rooted in ignorance and delusion. People with Tamasic Faith may hold superstitions or beliefs that are based on misinformation or lack of understanding. Their faith is often misguided and leads them to follow harmful practices or engage in negative behaviours. They may be apathetic or disengaged from their spiritual path, often influenced by lethargy and confusion. Overcoming Tamasic Faith involves seeking enlightenment and aligning one's beliefs with higher truths.

Krishna emphasizes that **Faith** is not just a personal trait but also shapes one's interactions with the world. It affects how individuals approach their duties, handle challenges, and relate to others. A person's **Faith** should be rooted in wisdom, humility, and a genuine understanding of the divine. True **Faith** inspires actions that are aligned with higher spiritual values and contributes to overall well-being and spiritual advancement.

In practical terms, **Faith** manifests in everyday life through one's commitment to their spiritual practices, their integrity in personal conduct, and their attitude towards others. It encourages perseverance in the face of difficulties and fosters a sense of trust in the divine plan. By nurturing **Faith**, individuals can achieve greater clarity, purpose, and fulfilment in their lives.

Understanding and cultivating **Faith** helps individuals navigate the complexities of life with a sense of purpose and confidence. It transforms

Faith | श्रद्धा

challenges into opportunities for growth and aligns one's actions with a higher purpose. **Faith** is a dynamic force that, when guided by wisdom and compassion, leads to a deeper connection with the divine and a more meaningful, harmonious existence.

श्रद्धा

श्रद्धा (Shraddha) आध्यात्मिक अभ्यास और व्यक्तिगत विकास का एक महत्वपूर्ण पहलू है, जैसा कि भगवद गीता में वर्णित है। यह उस गहरे विश्वास और आस्था को संदर्भित करता है जो व्यक्ति दिव्य, आध्यात्मिक सिद्धांतों, और अपनी यात्रा में रखता है। श्रद्धा केवल एक मौजूदा विश्वास नहीं है बल्कि एक सक्रिय, जीवित शक्ति है जो व्यक्ति के कर्मों, विचारों, और दृष्टिकोण को मार्गदर्शित करती है।

गीता में, श्रीकृष्ण बताते हैं कि **श्रद्धा** व्यक्ति के कर्मों और व्यवहारों के पीछे एक प्रेरक शक्ति है। यह प्रभावित करती है कि व्यक्ति संसार को कैसे देखता है, दूसरों के साथ कैसे इंटरैक्ट करता है, और आध्यात्मिक प्रथाओं को कैसे अपनाता है। श्रद्धा के विभिन्न प्रकार होते हैं, जो किसी के विश्वासों की प्रकृति और दिव्य सत्य के साथ उनके मिलन पर निर्भर करते हैं।

Faith | श्रद्धा

1. **सत्त्विक श्रद्धा:** इस प्रकार की श्रद्धा एक शुद्ध और प्रबुद्ध दृष्टिकोण को दर्शाती है। जो लोग **सत्त्विक श्रद्धा** रखते हैं, वे उच्च आध्यात्मिक सत्य में विश्वास करते हैं और ईमानदारी, विनम्रता, और करुणा के साथ कार्य करते हैं। उनकी श्रद्धा उन्हें धर्म के मार्गों का अनुसरण करने, ज्ञान प्राप्त करने, और आंतरिक शांति और सामंजस्य को बढ़ावा देने वाली प्रथाओं में संलग्न करने के लिए प्रेरित करती है। वे दिव्य व्यवस्था और अपनी आध्यात्मिक प्रगति में विश्वास करते हैं, जो उन्हें ईमानदारी और समर्पण के साथ जीने के लिए प्रेरित करता है।

2. **रजसिक श्रद्धा:** इस प्रकार की श्रद्धा इच्छाओं और महत्वाकांक्षा द्वारा प्रेरित होती है। **रजसिक श्रद्धा** रखने वाले व्यक्ति अपने लक्ष्यों और आकांक्षाओं में एक मजबूत विश्वास रखते हैं, और अक्सर सफलता और शक्ति को तीव्र ध्यान के साथ प्राप्त करने की कोशिश करते हैं। हालांकि, उनकी श्रद्धा अक्सर आत्म-सेवा और कर्मों के परिणामों से जुड़ी होती है। वे पुरस्कार और मान्यता की खोज में होते हैं, और उनके कर्म व्यक्तिगत लाभ और अहंकार से प्रेरित होते हैं। यह प्रकार की श्रद्धा

तब असंतोष और अशांति का कारण बन सकती है जब अपेक्षित परिणाम प्राप्त नहीं होते हैं।

3. **तमसिक श्रद्धा:** इस प्रकार की श्रद्धा अज्ञानता और भ्रांतियों पर आधारित होती है। जो लोग **तमसिक श्रद्धा** रखते हैं, वे अक्सर अंधविश्वास या गलत सूचनाओं पर आधारित विश्वास रखते हैं। उनकी श्रद्धा अक्सर गलत मार्ग पर ले जाती है और हानिकारक प्रथाओं या नकारात्मक व्यवहार में संलग्न करती है। वे अपने आध्यात्मिक पथ से उदासीन या असंबद्ध हो सकते हैं, अक्सर आलस्य और भ्रम से प्रभावित होते हैं। **तमसिक श्रद्धा** को पार करना आत्मज्ञान प्राप्त करने और अपने विश्वासों को उच्चतर सत्य के साथ संरेखित करने में शामिल होता है।

श्रीकृष्ण इस बात पर जोर देते हैं कि **श्रद्धा** केवल व्यक्तिगत विशेषता नहीं है, बल्कि यह व्यक्ति की विश्व के साथ बातचीत को भी आकार देती है। यह प्रभावित करती है कि व्यक्ति अपने कर्तव्यों को कैसे निभाता है, चुनौतियों का सामना कैसे करता है, और दूसरों के साथ कैसे संबंधित होता है। किसी की **श्रद्धा** को ज्ञान, विनम्रता, और दिव्य की वास्तविक समझ पर आधारित होना चाहिए। सच्ची

Faith | श्रद्धा

श्रद्धा उन कर्मों को प्रेरित करती है जो उच्च आध्यात्मिक मूल्यों के साथ मेल खाते हैं और कुल मिलाकर भलाई और आध्यात्मिक उन्नति में योगदान करती है।

व्यावहारिक रूप से, **श्रद्धा** जीवन के रोजमर्रा के पहलुओं में व्यक्त होती है, जैसे किसी की आध्यात्मिक प्रथाओं के प्रति प्रतिबद्धता, व्यक्तिगत आचरण में ईमानदारी, और दूसरों के प्रति दृष्टिकोण। यह कठिनाइयों के सामने धैर्य को प्रोत्साहित करती है और दिव्य योजना में विश्वास की भावना को बढ़ावा देती है। **श्रद्धा** को पोषित करके, व्यक्ति अपने जीवन में अधिक स्पष्टता, उद्देश्य, और संतोष प्राप्त कर सकता है।

श्रद्धा को समझना और विकसित करना व्यक्तियों को जीवन की जटिलताओं को उद्देश्य और आत्मविश्वास के साथ नेविगेट करने में मदद करता है। यह चुनौतियों को वृद्धि के अवसरों में बदलता है और किसी के कर्मों को उच्चतर उद्देश्य के साथ संरेखित करता है। **श्रद्धा** एक गतिशील शक्ति है जो जब ज्ञान और करुणा द्वारा मार्गदर्शित की जाती है, तो दिव्य के साथ एक गहरा संबंध और एक अधिक अर्थपूर्ण, सामंजस्यपूर्ण अस्तित्व की ओर ले जाती है।

18
Liberation | मुक्ति

Liberation (*Mukti*) is a central concept in the Bhagavad Gita and refers to the ultimate state of freedom and enlightenment that transcends the cycle of birth and death. It signifies the release from the cycle of rebirth (*samsara*) and the attainment of a state of eternal peace and unity with the divine.

In the Gita, Krishna describes **Liberation** as the realization of one's true nature, which is beyond the physical body and mind. This state of **Liberation** is characterized by a profound sense

Liberation | मुक्ति

of inner freedom, where the soul is no longer bound by material desires, attachments, and the limitations of earthly existence. It is the highest goal of spiritual practice and represents the end of all suffering and ignorance.

Krishna explains that **Liberation** is achieved through self-realization and detachment. Self-realization involves understanding that the true self (Atman) is distinct from the physical body and mind and is inherently divine and eternal. This realization leads to a sense of oneness with the **Supreme Being** and an awareness of the interconnectedness of all life.

Detachment, on the other hand, involves letting go of worldly desires and attachments that bind the soul to the cycle of rebirth. It is not about renouncing the world but about performing one's duties with a sense of non-attachment, focusing on the divine purpose rather than personal gains. By cultivating a state of detachment and performing actions selflessly, one can transcend the limitations of the material world and move towards **Liberation**.

Krishna teaches that **Liberation** can be attained through various paths, including the path of knowledge (Jnana Yoga), the path of devotion (Bhakti Yoga), and the path of selfless action (Karma Yoga). Each path offers a different approach to realizing the divine and achieving **Liberation**, but they all lead to the same ultimate goal.

- **Jnana Yoga**: The path of knowledge involves studying the scriptures, contemplating the nature of the self, and gaining insight into the divine truths. It requires disciplined study and meditation to understand the nature of reality and the self.
- **Bhakti Yoga**: The path of devotion is centred on loving and surrendering to the divine. It involves devotion, prayer, and service to God,

fostering a deep and personal connection with the divine.

- **Karma Yoga**: The path of selfless action emphasizes performing one's duties and responsibilities without attachment to the results. It involves acting with a sense of duty and offering the fruits of one's actions to the divine.

In modern life, the pursuit of **Liberation** can be seen as a quest for inner peace and fulfilment. It involves seeking a deeper understanding of oneself, letting go of materialistic desires, and living in alignment with one's higher purpose. By embracing spiritual practices and cultivating inner wisdom, individuals can move towards a state of liberation and experience profound peace and joy.

Liberation is not a distant or abstract goal but an attainable state of being that can be realized through sincere effort and devotion. It represents the culmination of the spiritual journey and the ultimate union with the divine, bringing about a lasting sense of freedom and contentment.

मुक्ति

मुक्ति (liberation) भगवद गीता का एक केंद्रीय सिद्धांत है और जन्म और मृत्यु के चक्र से परे की अंतिम स्थिति को संदर्भित करता है। यह पुनर्जन्म (संसार) के चक्र से मुक्ति और शाश्वत शांति और दिव्यता के साथ एकता की स्थिति प्राप्त करने को दर्शाता है।

गीता में, श्रीकृष्ण **मुक्ति** को आत्मा की वास्तविकता की पहचान के रूप में वर्णित करते हैं, जो शारीरिक शरीर और मन से परे है। **मुक्ति** की इस स्थिति को एक गहरी आंतरिक स्वतंत्रता के साथ विशेषता दी जाती है, जहाँ आत्मा भौतिक इच्छाओं, आसक्तियों, और पृथ्वी पर अस्तित्व की सीमाओं से बंधी नहीं होती। यह आध्यात्मिक अभ्यास का सबसे ऊंचा लक्ष्य है और सभी दुखों और अज्ञानता का अंत है।

श्रीकृष्ण बताते हैं कि **मुक्ति** आत्म-साक्षात्कार और वैराग्य (detachment) के माध्यम से प्राप्त होती है। आत्म-साक्षात्कार का मतलब है यह समझना कि सच्चा

आत्म (आत्मा) शारीरिक शरीर और मन से अलग है और स्वाभाविक रूप से दिव्य और शाश्वत है। इस पहचान के साथ **सर्वोच्च सत्ता** के साथ एकता का एहसास होता है और सभी जीवन की आपसी जुड़ाव की जागरूकता होती है।

वैराग्य, दूसरी ओर, उन भौतिक इच्छाओं और आसक्तियों को छोड़ने की प्रक्रिया है जो आत्मा को पुनर्जन्म के चक्र में बांधती हैं। इसका मतलब यह नहीं है कि संसार को त्यागना है, बल्कि अपने कर्तव्यों को निस्वार्थ भाव से करने का है, व्यक्तिगत लाभ की बजाय दिव्य उद्देश्य पर ध्यान केंद्रित करना है। वैराग्य और निःस्वार्थ कर्मों के माध्यम से व्यक्ति भौतिक जगत की सीमाओं को पार कर **मुक्ति** की ओर बढ़ सकता है।

श्रीकृष्ण सिखाते हैं कि **मुक्ति** विभिन्न मार्गों के माध्यम से प्राप्त की जा सकती है, जैसे ज्ञान का मार्ग (*ज्ञान योग*), भक्ति का मार्ग (*भक्ति योग*), और निःस्वार्थ कर्मों का मार्ग (*कर्म योग*)। प्रत्येक मार्ग दिव्यता को समझने और **मुक्ति** प्राप्त करने के लिए एक अलग दृष्टिकोण प्रदान करता है, लेकिन सभी अंततः एक ही लक्ष्य की ओर ले जाते हैं।

- ज्ञान योग: ज्ञान का मार्ग शास्त्रों का अध्ययन, आत्मा की प्रकृति पर ध्यान और दिव्य सत्य की समझ प्राप्त

Liberation | **मुक्ति**

करने पर आधारित है। इसमें वास्तविकता और आत्मा की प्रकृति को समझने के लिए अनुशासित अध्ययन और ध्यान की आवश्यकता होती है।

- भक्ति योग: भक्ति का मार्ग दिव्य के प्रति प्रेम और समर्पण पर केंद्रित है। इसमें भगवान के प्रति भक्ति, प्रार्थना और सेवा शामिल है, जो दिव्य के साथ एक गहरा और व्यक्तिगत संबंध बनाता है।
- कर्म योग: निःस्वार्थ कर्मों का मार्ग व्यक्ति के कर्तव्यों और जिम्मेदारियों को बिना परिणामों की अपेक्षा किए निभाने पर जोर देता है। इसमें अपने कर्मों को निष्ठा के साथ करना और उनके फल को दिव्य को अर्पित करना शामिल है।

आधुनिक जीवन में, **मुक्ति** की खोज को आंतरिक शांति और संतोष की तलाश के रूप में देखा जा सकता है। इसमें आत्म-ज्ञान प्राप्त करना, भौतिक इच्छाओं को छोड़ना, और अपने उच्चतर उद्देश्य के साथ जीवन जीना शामिल है। आध्यात्मिक प्रथाओं को अपनाकर और आंतरिक ज्ञान को विकसित करके व्यक्ति **मुक्ति** की स्थिति की ओर बढ़ सकते हैं और गहरी शांति और खुशी का अनुभव कर सकते हैं।

मुक्ति कोई दूरस्थ या अमूर्त लक्ष्य नहीं है, बल्कि एक

प्राप्त करने योग्य स्थिति है जिसे ईमानदारी और भक्ति के माध्यम से महसूस किया जा सकता है। यह आध्यात्मिक यात्रा की परिणति और दिव्य के साथ अंतिम मिलन को दर्शाता है, जो एक स्थायी स्वतंत्रता और संतोष की भावना लाता है।